MANUSCRITS

RELATIFS A

L'HISTOIRE DE FRANCE

CONSERVÉS DANS

LA BIBLIOTHÈQUE DE SIR THOMAS PHILLIPPS

A CHELTENHAM.

NOTICES SOMMAIRES

PUBLIÉES PAR

H. OMONT

PARIS

ALPHONSE PICARD, LIBRAIRE

82, RUE BONAPARTE, 82

1880

MANUSCRITS FRANÇAIS

DE CHELTENHAM

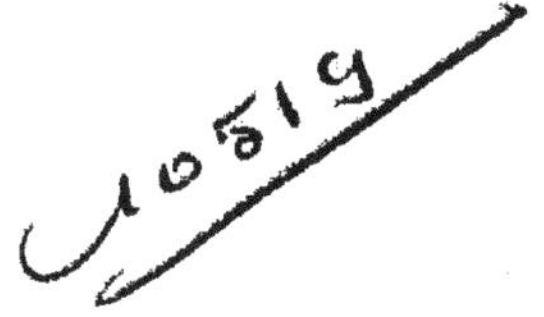

Extrait de la *Bibliothèque de l'École des chartes*,

tome L, p. 69-96 et 180-217.

MANUSCRITS

RELATIFS A

L'HISTOIRE DE FRANCE

CONSERVÉS DANS

LA BIBLIOTHÈQUE DE SIR THOMAS PHILLIPPS

A CHELTENHAM.

NOTICES SOMMAIRES

PUBLIÉES PAR

H. OMONT

PARIS

ALPHONSE PICARD, LIBRAIRE

82, RUE BONAPARTE, 82

1889

MANUSCRITS

L'HISTOIRE DE FRANCE

CONSERVÉS DANS

LA BIBLIOTHÈQUE DE SIR THOMAS PHILLIPPS

A CHELTENHAM.

La bibliothèque du feu baronnet anglais sir Thomas Phillipps, la plus riche et la plus nombreuse qu'un particulier ait jamais réunie, a été établie vers le commencement de ce siècle au château de Middlehill, dans le comté de Worcester. Transportée plus tard à Cheltenham (Glocester), dans l'ancienne résidence de lord Northwick, elle prit la place de la célèbre galerie de tableaux de Thirlestaine House, qui venait d'être dispersée en 1859[1]. C'est à Cheltenham que sir Thomas est mort le 6 février 1872. Retracer en détail l'histoire de la formation de cette bibliothèque, ce serait écrire jour par jour la biographie de son possesseur, dont toute la vie, toute l'activité ont été consacrées, pendant près de soixante ans, à l'accroissement incessant de ses collections[2]. Son petit-fils et digne héritier, M. T.-Fitz Roy Fenwick, qui continue les traditions de goût éclairé et d'aimable hospitalité de son aïeul, possède tous les éléments de cette histoire et c'est à lui qu'il appartient de la publier.

Sir Thomas n'amassait pas pour lui seul ces trésors manuscrits qui, de tous côtés, venaient affluer dans sa bibliothèque; il avait plaisir à les communiquer libéralement aux érudits qui faisaient

---

1. Voir le *Catalogue of the late lord Northwick's... collection of pictures...* (26 juillet 1859), en tête duquel est une vue de Thirlestaine House.

2. On trouvera quelques détails sur l'état présent de la bibliothèque Phillipps dans le *Neues Archiv* (1877), t. II, p. 429-432.

le pèlerinage de Middlehill. Parmi nos compatriotes, il suffira de rappeler les noms de Dom Pitra (le feu cardinal-bibliothécaire du Vatican)[1], d'André Salmon, de Paul Marchegay[2], qui signalaient, il y a quarante ans, dans la collection déjà célèbre du noble baronnet, des documents de premier ordre pour notre histoire nationale.

A côté de sa bibliothèque, sir Thomas avait établi une imprimerie dans la tour de Broadway, dépendant du domaine de Middlehill, et une série de volumes, la plupart relatifs à l'histoire d'Angleterre ou aux recherches généalogiques, sortaient de ses presses[3]. En même temps, il y imprimait, de 1837 à 1871, au fur et à mesure de ses acquisitions, le catalogue, resté inachevé, de ses manuscrits. Ce catalogue, dont les exemplaires sont fort rares tant en Angleterre que sur le continent, forme un volume in-folio de 436 pages, à deux colonnes, et contient les notices de 23,837 articles[4]. L'inventaire du reste des manuscrits, continué après la mort de sir Thomas, n'a pas été imprimé ; il remplit aujourd'hui six petits cahiers in-quarto, où sont portés les numéros 23,838 à 34,316.

Les érudits qui se rendront maintenant à Cheltenham n'y trouveront plus entière la *Bibliotheca Phillippica* ; l'un des joyaux qui la composaient, la collection de manuscrits du collège des jésuites de Clermont, à Paris, que la France ne sut pas conserver

---

1. *Archives des missions scientifiques et littéraires* (1850), t. 1, p. 557-579 ; reproduit dans le *Dictionnaire des manuscrits* de l'abbé Migne (1853), t. II, col. 267-286.

2. *Bibliothèque de l'École des chartes* (1855), 4ᵉ série, t. 1, p. 97-138. — On sait les fructueuses visites faites dans ces dernières années à Cheltenham par M. Paul Meyer. Voir la *Romania*, passim.

3. M. T.-Fitz Roy Fenwick est l'auteur d'une bibliographie des publications sorties des presses de Middlehill : *The Middle Hill Press*. A short Catalogue of some sir Thomas Phillipps' privately printed Works. (London, 1886, in-8º de 12 pages. — 124 numéros.)

4. Un exemplaire de ce catalogue est conservé au département des manuscrits de la Bibliothèque nationale. — La première partie, comprenant les nᵒˢ 1-2086, plus une série de volumes non encore cotés, avait été publiée, en 1830, dans les *Catalogi* de Haenel (col. 803-896) ; elle a été reproduite dans le *Dictionnaire des manuscrits* de l'abbé Migne, t. II, col. 155-268. Haenel a donné plus tard des extraits du catalogue Phillipps, jusqu'au nᵒ 15,650, dans Jahn's *Archiv f. Phil. u. Pæd.*, VI, 516, et VII, 494 ; puis dans le *Serapeum*, Intelligenzblatt 1862), XXIII, 177 et 185. D'autres extraits de moindre étendue ont paru dans l'*Archiv* de Pertz, VII, 95 ; IX, 498, et le *Neues Archiv*, IV, 585 ; X, 588.

en 1764, et dont sir Thomas Phillipps avait recueilli la plus grande partie à la vente de Meerman, en 1824, a été acquise dans l'été de 1887 pour la bibliothèque royale de Berlin. Récemment aussi, la Belgique et la Hollande, grâce à des crédits spéciaux votés par les Chambres, ont pu rentrer en possession d'un grand nombre de manuscrits importants pour leur histoire ou leur littérature[1].

En dehors des manuscrits de Clermont, désormais perdus pour nous, les volumes de provenance française, ou qui intéressent notre histoire à toutes les époques, sont encore nombreux à Cheltenham. C'est d'abord une série de plus de trente *cartulaires*, ou fragments de cartulaires, dont le plus ancien remonte au xie siècle, et beaucoup sont du xiie et du xiiie siècle. Il suffira d'en parcourir la liste pour juger de leur importance :

ARRAS, Cartulaire des comtes d'Artois (fragments), xive siècle.
BAYEUX, Cartulaire de la chapelle de Notre-Dame, à la cathédrale, xiiie siècle.
BEAUVAIS, Cartulaire de Saint-Quentin de Beauvais, xiie siècle.
BESANÇON, Cartulaire de la Madeleine (fragments), xiiie siècle.
BORDEAUX, Cartulaire de Saint-André de Bordeaux, xiiie siècle.
— Cartulaire de Saint-Séverin de Bordeaux, xiie-xive siècles.
— Cartulaire de l'abbaye de Sauve-Majeure, xiiie siècle.
COUTANCES, Cartulaire de l'Hôtel-Dieu, xve siècle.
ETERPIGNY, Cartulaire de la commanderie d'Eterpigny, xiiie siècle.
FAREMOUTIERS, Cartulaire de l'abbaye de Faremoutiers, xiiie siècle.
FÉCAMP, Cartulaire de l'abbaye de la Trinité, xvie siècle.
FIEFFES, Cartulaire de la baillie de Fieffes, xve siècle.
FONTEVRAUD, Cartulaire de l'abbaye de Fontevraud, xiie-xive siècles.
LANGRES, Répertoire du cartulaire du chapitre, xiiie siècle.
LAON, Cartulaire de l'évêché (fragments), xiiie-xive siècles.
— Cartulaire de la cathédrale, xiiie-xive siècles.
— Cartulaire de Saint-Jean de Laon, xiiie siècle.
— Cartulaire de Saint-Vincent de Laon (fragment), xive-xve siècles.
LIESSES, Cartulaire de l'abbaye de Liesses, xiiie siècle.
LONGPONT, Cartulaire du prieuré de Longpont, xiiie siècle.

---

1. Voir la *Bibliothèque de l'École des chartes*, 1888, t. XLIX, p. 694-703. — La Cour de chancellerie d'Angleterre a autorisé la vente d'une partie des manuscrits Phillipps, mais seulement à des gouvernements ou grands établissements publics, *à l'exclusion de toute collection particulière*.

Metz, Cartulaire de Freistrof, xive siècle.

— Cartulaire de Saint-Symphorien, xiiie-xive siècles.

— Cartulaire de Sainte-Glossinde, xve siècle.

— Cartulaire de Sainte-Marie, xive siècle.

Noirmoutiers, Cartulaire de Notre-Dame de la Blanche, xviie siècle.

Noyon, Cartulaire du chapitre (fragments), xive siècle.

Ourscamps, Cartulaire de l'abbaye d'Ourscamps, xive siècle.

Préaux, Cartulaire de l'abbaye de Saint-Pierre de Préaux, xve siècle.

Prémontré, Cartulaire de l'abbaye de Prémontré (fragments), xiiie siècle.

Reims, Cartulaire E de l'église de Reims, xiiie siècle.

Saumur, Cartulaire de Saint-Florent de Saumur, xie siècle.

Senlis, Cartulaire de Saint-Maurice de Senlis, xiiie-xive siècles.

Sommereux, Cartulaire de la commanderie de Sommereux, xiiie siècle.

Vendome, Cartulaire de l'abbaye de la Trinité (fragments de deux cartulaires), xie et xiie-xiiie siècles.

A côté de ces cartulaires sortis de nos archives, les anciens *chroniqueurs* français sont largement représentés dans les collections de sir Thomas Phillipps ; citons six exemplaires des *Grandes Chroniques de France*, des xive et xve siècles, puis différents textes des chroniques de *Guillaume de Nangis*, de *Froissart* (trois exemplaires), de *Monstrelet* (deux exemplaires), de *Jean de Wavrin*, de *Chastelain*, de *Molinet*, etc.

Les pièces détachées, les recueils de lettres originales, les mémoires politiques relatifs à l'histoire de France, depuis le xive jusqu'au xixe siècle, ne sont pas moins nombreux. Ce sont d'abord des *Comptes de l'Argenterie*, sous Jean le Bon, puis une série de fragments de *Comptes du Trésor*, de *Comptes de l'Hôtel*, de *Comptes de l'Épargne*, etc., des xive, xve et xvie siècles, qui viennent combler plusieurs des lacunes des séries des Archives nationales. L'histoire politique, administrative, littéraire des xvie et xviie siècles est représentée par une suite nombreuse de lettres originales, parmi lesquelles, avec des lettres de princes, ministres, ambassadeurs, etc., figurent une partie de la correspondance de Bayle et des papiers de Bossuet. Il en est de même pour le xviiie siècle : à côté de documents concernant la maison de Nicolaï, on trouve des correspondances politiques et littéraires du maréchal, du duc et du cardinal d'Estrées, de Mme de Graffigny (près de cent volumes), du président Hénault, du marquis de Montcalm, pendant la guerre du Canada, etc. De nombreux volumes, de valeur très diverse, d'extraits des *Registres du Parlement*, des *Mémoriaux de la Chambre des comptes, de la Cour des monnaies* et différents traités relatifs à l'histoire diplomatique des deux derniers siècles figurent aussi dans la bibliothèque Phillipps, à côté d'une grande quantité de papiers, la plupart de très médiocre intérêt, provenant des archives du Contrôle général, puis des Ministères des finances et de l'intérieur sous l'ancien régime, la Révolution, l'Empire et la Restauration.

Pour cette dernière période de notre histoire, les documents abondent : mémoires, rapports, lettres, pièces officielles de tout genre émanées de la Commune de Paris, du Comité de salut public, de la Convention nationale, de membres de ces assemblées et de personnages de tout rang. L'histoire militaire de la Révolution et de l'Empire y compte des documents de premier ordre : beaucoup de pièces entre autres de la correspondance de Napoléon Ier pendant la guerre d'Italie, l'expédition d'Egypte et les campagnes de 1813 et 1814.

L'histoire particulière des différentes villes de France est enfin largement représentée à Cheltenham, soit par des manuscrits relatifs à l'histoire de ces villes, soit par de nombreux volumes provenant d'anciens établissements religieux ou de corporations. En laissant de côté les *cartulaires*, dont il a été question plus haut, on remarquera plus particulièrement les documents relatifs à l'histoire des villes suivantes :

AMIENS, Chartes, des XIIIᵉ et XIVᵉ siècles.
ARRAS, Comptes, des XVIᵉ et XVIIᵉ siècles (Saint-Vaast).
AVIGNON, Statuts, du XIVᵉ siècle.
BORDEAUX, Anciennes archives de la cathédrale, de l'abbaye de Sauve-
  Majeure, etc.; une trentaine de volumes et plusieurs milliers de
  chartes.
CHARTRES, Chartes, des XIIIᵉ et XIVᵉ siècles.
DAUPHINÉ, *Liber libertatum*, du XIVᵉ siècle.
DOUAI, Comptes, du XVᵉ siècle.
LANGRES, Comptes, des XIIIᵉ et XIVᵉ siècles.
LAON, Chartes, des XIIIᵉ-XIVᵉ siècles.
LILLE, Chartes, des XVᵉ et XVIᵉ siècles.
METZ, Chartes, des XIIIᵉ-XVIᵉ siècles.

Normandie, Histoire de Dudon de Saint-Quentin (xiie siècle) ; — Chroniques de Normandie (trois exemplaires, des xive et xve siècles) ; — Grand coutumier et Coutume (xve siècle) ; — Chartes, des xive-xvie siècles.

Noyon, Chartes, des xiiie-xive siècles.

Orléans, Chartes, du xiiie siècle.

Paris, Statuts de l'Université (xiiie-xive siècles) ; statuts de la faculté de droit (xve siècle) ; pièces relatives à la Sorbonne et au collège de Beauvais (xiiie-xviiie siècles), et les derniers comptes de l'Université (1792), etc.

Prémontré, Chartes, des xiie et xiiie siècles.

Reims, Chartes, du xiiie siècle.

Rouen, Saint-Ouen (xive-xve siècles) ; vicomté de l'Eau (xve siècle).

Saint-Denis, Comptes, etc., des xive-xvie siècles.

Saint-Quentin, Chartes, des xiie et xiiie siècles.

Soissons, Comptes, du xve siècle ; chartes, des xiie et xiiie siècles.

Tours, Comptes, des xve et xvie siècles.

Troyes, Nombreux comptes, des xiiie-xve siècles ; chartes, des xiie et xiiie siècles.

Vernon, Comptes, du xve siècle.

Une notice sommaire de tous ces documents, qui intéressent à un titre quelconque l'histoire de France, est publiée plus loin. C'est le résultat d'une visite faite à Cheltenham au mois de septembre 1888 avec mes confrères et amis MM. Paul Durrieu et S. Bougenot. M. Durrieu, conservateur-adjoint au Musée du Louvre, a étudié d'une façon spéciale les riches manuscrits à peintures de la bibliothèque de sir Thomas Phillipps. M. Bougenot a bien voulu m'aider dans l'inventaire des nombreux manuscrits relatifs à l'histoire de France, dont l'examen nous a été facilité par M. Fenwick avec la plus parfaite obligeance.

Espérons qu'il nous sera donné de voir bientôt revenir en France ces monuments de toutes les époques de notre histoire, auxquels sir Thomas Phillipps a donné jadis asile dans ses collections.

I.

CHRONIQUES.

XIII⁰-XV⁰ siècles.

7078. Chronique universelle, en français. — Aux armes d'Esch.
— XIII⁰ s. Parch., gr. in-fol.

6224. Chronique universelle, en français, s'arrêtant à l'année 1339.
— XV⁰ s. Parch., 283 fol., pet. in-fol.

312. Chronique universelle, en français (incomplète du commencement et de la fin), s'arrêtant à l'année 1378. — XV⁰ s. Parch., in-fol.

9652. Bernard Gui, Fleurs des Chroniques (troisième édition). —
XIV⁰ s. Parch., 304 fol. (2 vol.), in-4°.

204. « Trésor des Histoires, » jusqu'à l'année 1394. — XIV⁰ s.
Parch., 410 fol., in-4°.

16381. Chroniques de Saint-Denys, s'arrêtant à l'année 1223. —
XIV⁰ s. Parch., fort vol. in-fol.

112. Chroniques de Saint-Denys, s'arrêtant à l'année 1381. (Tomes I
et III.) — XIV⁰ s. Parch., 2 vol. in-4°.

26092. « Croniques de plusieurs rois de France, » s'arrêtant au
règne de Charles VI. — XV⁰ s. Parch., gr. in-4°.

14882. Chroniques de France, s'arrêtant au règne de Charles VII.
— XV⁰ s. Pap., pet. in-fol.

6968. Chroniques de France, s'arrêtant à l'avènement de Charles VIII. — XV⁰ s. Pap., VII^{xx} III fol., pet. in-4°.

3651. Chroniques de France, s'arrêtant à l'année 1474. — XV⁰ s.
Pap., pet. in-fol.

11735. « Le livre du recouvrement de la duchié de Normendie et
d'une partie de Guyenne, fait par Berry, herrault du Roy... » — XV⁰ s.
Pap., 111 fol., pet. in-4°.

15760. Chronique de Monstrelet et Recouvrement de Normandie,
par Berry. — XV⁰ s. Pap., 313 fol., gr. in-fol.

1093. Honoré Bonnet, « l'Arbre des batailles. » — XIV⁰ s. Parch.,
106 fol., pet. in-fol.

11604. « Cronica Karoli hujus nominis septimi. » — XV⁰ s. Pap.,
pet. in-fol.

13554. « Petit cronique... composé par... George Chastelain, chevalier, et maistre Jehan Mollinet » (1429-1496). — xviiiᵉ s. Pap., in-12.

182. Chronique universelle de Jean de Courcy. — xvᵉ s. Parch., in-fol.

24444. Chronique universelle de Jean de Courcy. — xvᵉ s. Parch., fort vol. gr. in-fol.

344. « Le romant Bertrand Duguesclin, jadis connestable de France... » — xvᵉ s. Parch., gr. in-4ᵒ.

8493. Chronique de Duguesclin. — xvᵉ s. Parch., pet. in-fol.

8494. Roman de Bertrand Duguesclin. — Copié en 1464. Pap., gr. in-4ᵒ.

4096. Toison d'or de Guillaume Fillastre. — xvᵉ s. Pap., gr. in-fol.

431. Chroniques de Froissart (seconde rédaction). — xivᵉ-xvᵉ s. Parch., in-fol.

24258. Chroniques de Froissart, second livre (première rédaction). — xvᵉ s. Parch., in-fol.

4277. Chroniques de Froissart, troisième livre (troisième rédaction). — xivᵉ s. Parch., in-fol.

3212. Chronique de Jean de Haynin. — xvᵉ s. Pap., 294 fol., gr. in-4ᵒ.

248. Loi salique et Miroir historial. — xvᵉ s. Parch. et pap., in-4ᵒ.

8264. Chroniques de Jean Molinet, avec le supplément (1492-1506). — xviᵉ s. Pap., pet. in-fol.

857. « Apothéose de Philippe le Bon, par Jean Molinet. » — xvᵉ s. Parch., pet. in-4ᵒ.

2272. « Extraict des cronicques de noble homme Enguerran de Monstrelet » (premier livre). — xvᵉ s. Pap., 172 fol., gr. in-4ᵒ.

3950. Chroniques de Monstrelet abrégées. — xvᵉ s. Pap., 8 et clxxiv fol., in-fol.

200. Chronique de Guillaume de Nangis (incomplète du commencement). — xivᵉ s. Parch., in-4ᵒ.

247. « Croniques de Gennes, faictes et compousées en françoys par Alexandre Saulvage, de nacion Gennevoise, à la requeste du sire de Champdenier, pour lhors gouverneur dudict Gennes, soubz très-hault, très-puissant et très-excellent prince Loys XIIⁱ, roy de France » (incomplètes de la fin). — xviᵉ s. Parch., in-fol.

17700. Chroniques de Jean Wavrin (second volume). — xvᵉ s. Pap., in-fol.

II.

HISTOIRE PAR RÈGNES.

XIV—XVIe siècles.

25050. Comptes de l'Argenterie (1353). « Primus [et secundus] computus Galcheri de Vannis. » — Parch. Fol. iiij, vj-xiij; fol. iiij-xiij, xv-xix, xxij-xlvij; fol. iiij-xvij, xx-xxj, xxiiij-xxvj, xxvitj-lij. 420 et 430 ✕ 325^{mm}.

1356. « C'est le compte des aydes, octroiez au Roy nostre seigneur pour sa redampcion, levez et receuz ou diocese de Langres et en certains lieux des dyoceses de Thoul et de Bezançon,... au premier jour d'octobre [M]CCCLVI. » — Parch., 22 fol., 365 ✕ 272^{mm}.

1817. « Computus thesauri domini Regis, Parisius, de termino nativitatis Domini, anno M CCC IIII^{xx} IIII^{to}..., per thesaurarios Philippum de Sancto Petro, Reginaldum de Capella, Nicolaum de Mauregart, et Nicolaum de Fontenayo... » — Parch., 47 fol., gr. in-4°.

1865. « Veneria pro termino Candelose M CCC IIII^{xx} XV. Le compte Philippe de Courguilleroy, chevalier, maistre veneur du Roy... » — Parch., 8 fol., 340 ✕ 205^{mm}.

2086. « C'est ceu que ii trezoriers ont paieit et deilvrey dès la Chandelour par IIII^{xx} et VIII jusques à la Chandelour par IIII^{xx} et VIIII. » Primes pour la destruction des loups (1389-1390). — Parch. Rouleau de 4 mètres environ.

8004. « xxxiiiie compte des despens de l'ostel le roy Charles [VI] » (1er janvier 1407/8-1er juillet 1408). — Parch., 12 fol., pet. in-fol.

9004. « Registrum presentacionum curie et jurisdictionis superioris regni Francie nuper... per dominum Karolum, illustriss. regis Francorum filium, Dalphinum Viennensem... » (1418). — Parch., 155 fol., 350 ✕ 270^{mm}.

8448. « Le procès de Jehenne la Pucelle. » — « Appartient à moy Fleurette d'Armaignac. Blaise de Villemeur. » — xve s. Parch., pet. in-fol.

3532. Texte de la paix d'Arras, entre le roi de France et le duc Philippe de Bourgogne (1435). — xve s. Pap., gr. in-4°.

4448. Rôles des dépenses de Jean, comte d'Angoulême. « Parties baillées par Guillemin le Vesville. » Romorantin, 1454. — Parch. 2 rouleaux de 3 et 5 mètres environ.

3531. Entrée de Louis XI à Paris (31 août 1461). — Bulles concernant la croisade projetée en 1463 et lettre de Philippe le Bon à ce sujet (Bruges, 25 novembre 1463). — xve s. Pap., gr. in-4°.

22221. « Ystoria cedis et belli seu stragis que accidit juxta oppidum Moreto intra territorium illorum de Bern situm et in districtu domini ducis de Sabadia. » — xve s. Pap., 3 pages, in-fol.

22356. « Diarium statuum generalium Francie habitorum Turonibus anno 1483, regnante Carolo octavo. » — xviiie s. Pap., 111 fol., pet. in-fol.

9295. Autre exemplaire. — xviiie s. Pap., 356 pages, pet. in-fol.

830. « Publ. Faust. Andrelini Foroliviensis de Neapolitana expugnatione et Fornoviensi transitu » (aux armes de France). — xve s. Parch., in-8°.

2631. Emblèmes et vers adressés à Charles VIII (armes écartelées de France et de Jérusalem, avec la devise : « C'est vous »). — xve s. Parch., in-fol.

XVIe siècle.

201. Funérailles d'Anne de Bretagne, par le héraut Bretaigne. — xvie s. Parch., in-8°.

8034. État de la maison de la reine Marguerite, femme de saint Louis ; — de Jeanne de Bourgogne (1316) ; — de la reine Marie de Luxembourg (1322) ; — de la reine Jeanne d'Évreux (1326) ; — de Charles, duc d'Alençon, et de sa femme, Marguerite d'Orléans (1512, 1517, 1524) ; — de Mme Marguerite d'Orléans, reine de Navarre (1520 et 1539). — xviie s. Pap., fol. 329-710, in-fol.

4303. Recueil de lettres patentes, etc., de François Ier, Henri II, Charles IX, Henri III, Henri IV, Louis XIII, Louis XIV, Louis XV, Louis XVI, etc. — Parch. 60 pièces environ, recueillies pour les signatures.

17147. Copies de lettres de François Ier, d'après les originaux de la bibliothèque Cottonienne. — xixe s. Pap., 79 pages, in-4°.

24129. Fragment de compte de l'Épargne (1549?). Fol. xxxvij-xl. 340 × 285mm. — Autre fragment, allocations à des capitaines italiens, etc. (s. d.). Fol. 21-43. 335 × 245mm. — Parch.

1350. Dépenses de bouche de la cour de Henri II (9 journées, 1550, 1554, 1555) ; — de Henri III (5 journées, 1566, 1576, 1575) ; — de

Henri IV (2 journées, 1603) ; — de Louis XIII (une journée, 1624) ; — de Louis XIV (1647, 1653, 1654, 1676). — Parch., in-4°.

8305. Recueil de lettres (autographes) adressées au Roi, au duc de Guise, au cardinal de Lorraine, et signées : « Montmorency, Noailles, Chaulne, Joyeuse, Champagny, Laubespine, cardinal de Lorraine, Charles de Bourbon, » etc. — XVIᵉ s. Pap., gros vol. in-fol.

2995. Rôle des dépenses des « obsèques de Henri II. 1559. » — Parch., 26 fol., pet. in-fol.

23616. Recueil de lettres des XVIᵉ-XVIIIᵉ siècles, parmi lesquelles : lettres de Catherine de Médicis, Henri III, Anne d'Autriche, etc. — Pap., in-fol.

18586 et 19992. Lettres et dépêches (1562-1563) relatives à Marie Stuart adressées au duc de Guise et au cardinal de Lorraine (copies). — XVIᵉ s. Pap., 80 fol. environ.

11893. Recueil de pièces historiques du XVIᵉ siècle, parmi lesquelles : « Lignaige de Coucy, de Dreux, de Bourbon et de Courtenay... 1569. » — Entrée de Jacques [de Croy], évêque de Cambrai, à Cambrai, 10 février 1510/11. — Ordre de l'entrée du roi à Paris, 16 juin 1549, etc. — XVIᵉ s. Pap., 272 pages, pet. in-fol.

3695. Recueil de pièces historiques du XVIᵉ siècle, parmi lesquelles : « Interrogatoire de Dubourg, huguenot. » — « Conspiration contre la royne d'Escosse. » — « Mémorial du règne de Charles IX, roy de France » (1565-1573). — « Discours sur les barricades de Paris, du 12 may 1588. » — « Protestation des catholiques de Paris qui n'ont faict leur prouffict des deniers publics, » etc. — XVIᵉ-XVIIᵉ s. Pap., 292 fol., gr. in-4°.

11885. Recueil de pièces historiques des XVIᵉ et XVIIᵉ siècles; notamment copies des instructions envoyées au comte de Mansfeld, avec les réponses du comte. — XVIᵉ et XVIIᵉ s. Pap., 488 pages, in-fol.

2281. « Manière d'appaiser les troubles actuels de la France. — A la Royne, mère du Roy. » — XVIᵉ s. Pap., in-12.

12426. Mémoires de Nicolas de Neufville de Villeroy. — XVIIᵉ s. Pap., gr. in-4°.

17501. Procès-verbal des États de Blois (1576). — XVIIᵉ s. Pap., 410 pages, in-fol.

4596. « Assemblée de Saint-Germain, en l'an 1583. » — XVIIᵉ s. Pap., in-fol.

205. « Trésorerie généralle de la marine de Ponant... 1586. — Mᵉˢ N. Lebeau et J. Chauvelin, trésoriers. — Double. » — Parch., gr. in-4°.

2305. Emblèmes de la Ligue, dédiés au cardinal Calotan, légat du Saint-Siège (peintures). — xvi° s. Parch., 54 fol., 405 × 260ᵐᵐ.

22296. Recueil de lettres de la fin du xvi° siècle; en tête une lettre de Henri IV à M. de Fontenay (29 novembre 1589). — xvi° s. Pap., 20 pages environ, pet. in-fol.

17148. « Lettres autographes inédites de Henri IV, avec le portrait de ce monarque, dessiné par F. Gérard, lithographié par le comte de Lasteyrie. A Paris, » (s. d.). — 40 lettres, in-4°.

4408. « Écurye du Roy pour l'année finye le dernier jour de décembre mil Vᵉ IIIIˣˣ dix-sept. — Double. » — Parch., 496 fol., 312 × 255ᵐᵐ.

25727. « Recueil de plusieurs instructions et mémoires donnez par Henri IV, roy de France et de Navarre, avecq quelque traictez touchant les royaumes d'Espaigne et de Turquie. » — xvii° s. Pap., in-fol.

XVII° siècle.

3144-3192. Recueil de lettres et dépêches (xvi°-xvii° siècles).

3144. Lettres interceptées en 1634 et autres pièces (1610-1639).

3145. Lettres du Roi et autres à M. de Montmorency (1594-1640).

3146. Lettres, mémoires et avis au Roi (1610-1622).

3147. Id. (1614-1625).

3148. Lettres de M. de Puysieux et autres à M. de Sainte-Catherine, résident en Allemagne (1612-1626). — 2 volumes.

3149. Lettres du Roi et de la Reine aux ducs de Nevers et de Nemours (1614-1626).

3150-3151. Lettres du Roi et autres à M. de Montmorency (1595-1620). — Cf. le n° 3145.

3152. Évasion de la Reine mère (1631).

3153. Dépêches de M. de Brienne (1653-1661). — 10 volumes.

3154. Dépêches de Louis XIV (1661-1670). — 7 volumes (in-4°).

3155. Dépêches de M. de la Boderie pendant son ambassade en Allemagne (1606-1640). — 4 volumes.

3156. Lettres diverses aux rois, etc. (de François 1ᵉʳ à Henri IV). — 3 volumes.

3157. Lettres de MM. d'Aumale et de Guise (1548-1553). — Tome IV.

3158. Lettres du Roi à M. d'Aumale (1546-1556). — Tome V.

3159. Lettres de plusieurs princes (1587-1596). — Tomes VI-VIII (3 volumes).

3160. Lettres de M. de Buzenval (1603-1605). — 3 volumes.

3161. Négociations de M. de Sabran (1630-1643). — 8 volumes.

3162. Lettres de M. le marquis de Cœuvres, depuis maréchal d'Estrées (1614-1631).

3163. Lettres écrites au maréchal d'Estrées. — 2 volumes.

3164. Lettres de M. de Marca à M. Le Tellier (1644-1651). — 8 volumes.

3165. Généalogies des principales familles de la cour et de Paris. — 8 volumes.

3166. Lettres du roi à M. de Béthune (1601-1603).

3167. Dépêches de M. de Béthune (1603-1613). — 3 volumes.

3168. Dépêches de M. de Brèves (1608-1610).

3169, 3170, 3171 (2 vol.), 3172. Lettres de M. de Béthune à divers (1601-1630).

3173. Lettres de M. Gueffier (1632-1660). — 13 volumes (cf. le n° 3175).

3174. Lettres du Roi au cardinal Bichi (1643-1653).

3175. Lettres de M. Gueffier. (Cf. le n° 3173.)

3176. Dépêches de M. de Saint-Chamond (1643-1645). — 2 volumes.

3177. Dépêches relatives à la paix d'Italie (1643-1644).

3178. Lettres et mémoires d'Italie (1605-1643).

3179. Lettres de M. de Castille (1611-1613).

3180. Lettres de M. de Caumartin (1641-1648). — 5 volumes.

3181. Lettres du Roi et de la Reine (1601-1602, 1607-1609, 1610-1612, 1612-1617). — 4 volumes.

3182. Lettres de MM. de Léon, d'Avaux et de la Tuillerie (1644-1636).

3183. Lettres de M. Houssay à M. d'Estrées (1638-1644).

3184. Lettres à MM. de Candalle et d'Épernon (1653-1660).

3185. Lettres de M. Marescot (1632-1637). — 4 volumes.

3186. Lettres et négociations relatives au mariage d'Henriette-Marie, sœur de Charles Ier (1624-1625). — 5 volumes.

3187. Id. — 4 volumes.

3188. Lettres et mémoires concernant les affaires d'Espagne, Flandre, Hollande et Suisse (1632-1637).

3189. Mémoire de M. de Basville sur le Languedoc, 1699 (avec planches).

3190. Paix de Münster (1643-1648). — 8 volumes.

3191. Mémoires préliminaires de la paix de Münster (1640).

3192. Ambassade de Münster (1646, 1648). — 2 volumes.

Les volumes 3144-3188 sont reliés aux armes de Gabriel Bernard de Rieux ; les volumes 3190-3192 sont aux armes du chancelier d'Aguesseau. — XVIIe s. Pap., in-fol.

10591. Table des documents renfermés dans la collection de Brienne. (340 volumes relatifs à l'histoire de France aux XVIe et XVIIe siècles.) — XVIIIe s. Pap., 3 forts vol. in-fol.

3542 (55). Inventaire des biens de M. Le Camus, conseiller d'État, 1637.

866. « Éloge de Louis XIII. — La vie de Louis XIV comprise en dix éloges placez sous autant de portraits de Sa Majesté, selon ses différents âges » (portraits gravés).— XVIIIe s. Pap., in-fol.; aux armes de France.

10585. « Intrigues de la cour de France sous le règne de Louis XIII. » — XVIIe s. Pap., in-8°.

10374. « Narration... de ce qui s'est passé en France depuis le commencement de la régence d'Anne d'Autriche jusques en 1652. » — XVIIe s. Pap., 198 fol., pet. in-fol.

6248. « Lettere del card. Mazarini. » — XVIIIe s. Pap. 5 vol. in-fol.

20730-20733. « Lettere del card. Mazarini (1647-1654). — XVIIIe s. Pap., 4 forts vol. in-4°.

18465. Recueil. 1° « Réformacion des ordonnances de l'hostel de Mgr le Duc. » Vannes, 1445. — 2° Compte de Jehan Mauleon, trésorier de l'épargne du duc de Bretagne (1434-1442). — 3° Ratification de la ligue de Gien par le duc de Berry et ses alliés (1er nov. 1440). — 4° « Proposition faite au Roy, en l'année 1623, » par le maréchal de Bassompierre. — 5° « Estat du paiement » fait aux officiers domestiques de Louis XIII (1633). — 6° Distribution d'aumônes, etc., faite par ordre de « Gaston et Marie » d'Orléans, « souverains de Dombes, » en 1627. — 7° Nominations d'officiers, deux actes sur parch., signés par Gaston d'Orléans (1650). — XVIIe s. Pap., 385 p., petit in-fol.

8916. « Recepte generale du clergé de France. Année 1639. » — XVIIe s. Parch., petit in-fol.

24464. « Apologie de M. de Beaufort. — Guerre de Paris. — Lettre de M. le cardinal de Mazarin à M. de Brienne. — Articles et conditions dont son Altesse Royale et monsieur le Prince sont convenus pour l'expulsion du cardinal Mazarin » (24 janv. 1652). — XVIIe s. Pap., 102 fol., in-fol.

26020. Pièces historiques et politiques, des xvi°-xvii° siècles, parmi lesquelles : « Discours véritable de ce qui s'est passé aux barricades de Paris, ... 12 may 1588. — Establissement de la charge d'admiral des mers du Levant et sa fonction séparée de celle d'admiral de France. — Relation des costes de Provence. — Vita R. P. Josephi, capucini. » — Etc. — xvii° s. Pap., petit in-fol.

25026. « Diverses lettres escriptes à M. le marquis de Chasteauneuf pendant qu'il a tenu les sceaux et durant qu'il a exercé la charge de premier ministre du royaume, ès années 1650 et 1651. » (Orig.) — xvii° s. Pap., petit in-fol.

7442. Recueil de lettres de Séguier, Colbert, Le Tellier, Seignelay, etc., à d'Aguesseau, intendant de Limoges (1666-1689). — Pap., 26 forts vol. in-fol.

865. « Recueil de lettres et diverses pièces du règne de Louis XIV. » — xviii° s. Pap., in-12.

9253. « Traicté de la succession des royaumes, et des partages et apanages des fils de France, sous la 1re, 2e et 3e race de nos rois. » Dédié au chancelier Pierre Séguier, par de La Lane. — xvii° s. Pap., 59 fol., in-8°.

25130. P. Dupuy, Recueil de traités des droits du roi (1630-1637). Autogr. — xvii° s. Pap., fort vol. in-fol.

4449. « Table [numérique] des volumes mss. du cabinet de M. Du Puy,... avec une table alphabétique. » (Cette table manque.) — xviii° s. Pap., 3 vol. in-fol.

25688. Lettre de Fortunio Liceto, Jean Vesling et Jérôme Bardi à Gabriel Naudé (1637-1649). — Pap., in-fol.

16325. Lettres de Paganino Gaudenzi à Gabriel Naudé (1639-1644). — Pap., 55 p., in-4°.

16480. Lettres diverses, en italien, adressées à Gabriel Naudé, etc. — xvii° s. Pap., in-fol.

8687. Lettres de Pierre Bayle (1670-1706). 150 lettres, la plupart adressées à son frère, au Carlat et à Montauban. — Pap., in-fol.

14305. Fragments de la correspondance de Bossuet; lettres de l'abbé Bossuet et de l'abbé Ledieu. (Papiers ayant servi à l'édition de Dom Deforis.) — Ces papiers se trouvent dans les mss. n°⁵ 14305-14317, 14425, 20905 (anc. 24847), 14310, 14323, 14324 (anc. 3542), 18417, 18625, et aussi dans un volume non coté de la collection de papiers portée sous le n° 3542. — Pap., in-4° et in-fol.

3542 (176). Recueil de lettres du xvii° siècle : Mme du Châtelet, La Ferté-Sénecterre (1644), etc.

21475. « Traité des siéges..., fait pour l'usage de Mgr le duc de Bourgogne par M. le maréchal de Vauban. » — XVIIIe s. Pap., 445 pages et 33 planches in-fol.

23884. « Remontrance au Roy sur la remise des places maritimes de Flandres entre les mains des Anglois, » au sujet du rétablissement dans ces places du culte protestant. (35 pages.) — « Mort chrestienne de la duchesse d'Orléans, » en 1670, par son confesseur, M. Feuillet. — Etc. — XVIIIe s. Pap., in-4°.

7338. « Relation de la campagne de 1687, en Levant. » — XVIIe s. Pap., petit in-fol.

7140. « Abrégé historique de ce qui s'est passé en Catalogne pendant les campagnes de 1689, 1690, 1691 et 1692. » (60 planches.) — XVIIe s. Pap., in-fol., aux armes de France.

825. « Agates, cristaux, porcelaines, bronzes et autres curiositez qui sont dans le cabinet de Monseigneur le Dauphin à Versailles, inventoriez en M. DC. LXXXIX. » (Avec les prix.) — XVIIe s. Pap., gr. in-fol. Rel. maroq. rouge aux armes du Dauphin.

3542 (15, 19, 20, 73, 97, 162,¹) et 14109. Correspondance du maréchal, du comte, puis duc d'Estrées et du cardinal d'Estrées. — XVIIe-XVIIIe s. Pap., 333, 385, 307, 270, 167 pages, 25 feuillets et 131 pages, petit in-fol.

3542 (41). Inventaire des biens de Nicolas Nicolay, s^r de Goussainville, 1686. — XVIIe s. Pap., 154 feuillets, petit in-fol.

3542 (67). Inventaire des papiers de Nicolas de Nicolay. — XVIIe s. Pap., 159 feuillets, petit in-fol.

3542 (64). Terrier du marquisat de Thillay (appartenant à la maison de Nicolay). — XVIIe s. Pap., 110 feuillets, petit in-fol.

3542 (36). Lettres de la marquise de Mailly à son intendant (1707). — XVIIIe s. Pap., in-4°.

868. Mémoire sur la situation des affaires dans le courant de 1742. — XVIIIe s. Pap., 110 pages, gr. in-4°.

XVIIIe siècle.

3542 (195). Lettres diplomatiques adressées par M. de Morville à M. de Fénelon (1726). — XVIIIe s. Pap., 87 pages, petit in-fol.

9380. Journal d'une mission dans le Maduré (1699-1701). — Lettres des PP. Dolu, Martin, Barbier, etc., relatives aux missions (1670-1740). Autogr. — XVIIIe s. Pap., in-4°.

8548. Recueil de pièces signées (1400-1760). — Parch., 17 vol. in-fol.

16764. Recueil de pièces signées de Louis XIV et de Louis XV. — Parch., petit in-fol.

18624. « Catalogue des livres du Cabinet du Roi. 1722. — État des livres de feu Monseigneur, de feu M. le Dauphin et Madame la Dauphine, que le Roi a ordonnés être gardés pour en composer le cabinet de M. le Dauphin, dont M. l'abbé Perot est chargé... 26 nov. 1742. » — xviiie s. Pap., 452 pages, in-4°. Rel. aux armes.

4488. « Catalogue des pierres gravées de Monseigneur le duc d'Orléans. M DCC XLI. » — xviiie s. Pap., 425 pages (4467 nos), in-4°. Rel. aux armes.

3692. « État de la vaisselle portée à la Monnoie de Paris... et dans les villes de Provinces. 1759. » (Avec les prix.) — Pap., in-fol.

17473. Lettres sur les affaires du temps (1742-1747). — xviiie s. Pap., 603 pages, in-4°.

22243. Mémoire sur la situation financière des diverses villes de France, vers 1767. — xviiie s. Pap., 486 pages, gr. in-4°.

211. Revenus des évêchés et abbayes en régie; revenus des religionnaires fugitifs (1747). « Brefs états » et « Bordereaux » signés : D'Aguesseau, Pontcarré de Viarmes, Trudaine, de Miromesnil, Poulletier, etc. — Pap., 635 pages, in-fol.

11891. « Catalogue des religieux de la congrégation de St Maur, ordre de St Benoît, par ordre alphabétique, fait en 1760. » — xviiie s. Pap., 361 pages, gr. in-4°.

17445. Quinze lettres de Jean Soanen, évêque de Senez, au P. Delaporte, bénédictin de Clermont (1729-1732). — Pap., petit in-4°.

20055. Dix-neuf lettres autographes du même (1735-1740). — Pap., petit in-4°.

6431. Mémoire des évêques au Roi sur les Jésuites (31 déc. 1761). Copie. — xviiie s. Pap., 33 pages, in-fol.

16795. Recueil de lettres de Lamoignon de Basville (1717), de Samuel Masson à Le Brun (1768), de Mercier de Saint-Léger, etc. — xviiie s. Pap., 120 pages, gr. in-4°.

18480 et 18494. Recueil de pièces signées de différents princes ou personnages du xviiie s. — Pap., in-fol. et in-4°.

23000, 24074 et 25476. Lettres adressées à madame de Graffigny, ou adressées par elle à M. Devaux, receveur des finances à Lunéville (1738-1773). — Pap., 07 vol. in-4°.

2

11824. Mémoire de David Hume sur ses rapports avec J.-J. Rousseau. — Pap., pages 5-20, in-4°.

3542 (¹). Observations sur la Hollande et la Pologne, attribuées à l'abbé de Saint-Pierre. — 30 pages.

16587. Lettres du marquis de Paulmy au président Hénault (Varsovie, 1760). — Pap., 25 lettres, in-4°.

16479. Lettres diverses adressées au président Hénault (1767). — Pap., fort vol. in-4°.

10404. Correspondance de divers membres de la famille de Breteuil avec M. Formé, procureur au Parlement de Paris (vers 1745). — Pap., 2 vol. de 345 et 151 pages, in-4°.

3542 (³). Mémoire des pierreries de la duchesse de Gesvres (1675) et autres pièces y relatives. — 77 pages.

3542 (4). Mémoire des ouvrages de peinture faits par les frères Slodtz pour le duc de Gesvres, en 1746. — Divers mémoires relatifs à l'établissement de manufactures de glaces (xviii° s.). — 205 pages.

22113. « État des gouvernements militaires ... et états-majors des places du Royaume. » 1773. — xviii° s. Pap., 117 fol., in-12.

21731. Recueil de lettres et papiers divers relatifs au commerce avec les colonies. 1760 et années suivantes. — xviii° s. Pap., in-fol.

3714. Correspondance du marquis de Montcalm pendant la guerre du Canada (1756-1760). — Tome I. Lettres du roi et des ministres à « M' de Bourlamaque. » 1756. Lettres de M. de Vaudreuil, gouverneur de la Nouvelle-France. Instructions, etc. — Tome II. Relations de la campagne de 1756-1760. — 415 et 547 pages, in-fol.

Tome I. Lettres de Montcalm, de Bougainville, etc., à Bourlamaque, brigadier des troupes du Roi (1756-1759). — Tome II. Lettres de M. de Vaudreuil (1756-1760). — Tome III. Lettres du même, etc. (1759-1760). — Tome IV. Lettres du chevalier de Lévis, de Bougainville, etc. (1757-1760). — 618, 546, 228 et 442 pages, in-4°.

11546. « Miscellanea, » recueillis par M. de La Rochelle. Tome I. Sur les courses de chevaux. — Tome II. Notes pour une description géographique de l'Amérique. — Mémoire sur le nombre des feux établis sur les côtes d'Angleterre (vers 1760). — Pap., 2 vol. in-fol.

25982. « Relation du siége de Pondichéry, soutenu par M. de Bellecombe » (1778). — Pap., 93 pages, in-4°.

16824. Recueil de lettres officielles adressées à M. Tergat, lieutenant de la prévôté de l'hôtel du Roi (1778-1781). — Pap., petit in-fol.

1343. « Rolle de plusieurs parties et sommes de deniers que le Roi a commandé... à M° Charles-Pierre Savalete, garde de son trésor royal, de payer comptant ou assigner... aux ci-après nommés pour les rentes de son exercice. 1776. » — Pap., 110 fol., in-fol.

9542 (2) et 21010. Billets adressés au sieur Barbier, marchand d'étoffes, par la princesse de Lamballe et diverses dames de la cour. 1780 et années suivantes. — Pap., 26 pages et 120 fol., petit in-12.

25544. Copie de la correspondance échangée entre MM. de Polignac et de Vergennes et la république de Genève (1779-1782). — XVIII° s. Pap., 309 fol., in-fol.

10865. « Soliloques » du comte d'Antraigues, commencés à la Bastide (1782). Autogr. — XVIII°-XIX° s. Pap., in-4°.

3542 (7). Recueil de pièces concernant la maison de Montmorency-Laval. — XVIII° et XIX° s. Pap., 163 pages, petit in-fol.

16915. « Catalogue des livres de la bibliothèque de S. A. S. Mgr le duc de Penthièvre, à Louveciennes,... par Augustin-Martin Lottin l'aîné... et copié à Louveciennes par Rosier. M. DCC LXVIII. » — Pap., in-fol.

16916. « Catalogue des livres de la bibliothèque du château de Château-Neuf-sur-Loire. 1786. » (Bibliothèque du duc de Penthièvre.) — Pap., in-fol.

11889. Note de l'abbé Rive sur la bibliothèque du duc de La Vallière, en réponse à une demande de l'abbé Desaulnays, de la Bibliothèque du roy (28 mai 1777). — Lettre du duc de La Vallière, du 5 oct. 1757, réclamant ce que lui et le duc de Luxembourg ont gagné au jeu au Roi, en juillet, août et septembre (6,036 l.). — Pap., 9 pages, in-12.

10208. Copies de chartes diverses adressées à Bréquigny pour le Cabinet des chartes. — XVIII° s. Pap., 273 pages, in-fol.

Trésor des chartes.

Parlement. — Chambre des comptes. — Cérémonial. — Affaires étrangères.

24359. « Inventaire des chartes du Roi. » — XVIII° s. Pap., 10 vol. gr. in-fol. (dont un de table). Aux armes de Fleuriau d'Armenonville.

8754-8759. Inventaire des chartes du Roi. — XVIII° s. Pap., 6 vol. in-fol.

10241-10242. Inventaire du Trésor des chartes. Mélanges. — XVIII° s. Pap., 2 forts vol. in-fol.

8689. « Extraicts des inventaires des chartes de la Sainte-Chapelle. » — xviii⁰ s. Pap., in-fol.

10171. Extraits de l'inventaire du Trésor des chartes. — xviii⁰ s. Pap., 346 pages, in-fol.

250. Extraits des registres du Parlement et du Châtelet de Paris (jusqu'en 1752). — xviii⁰ s. Pap., 65 vol. (le vol. 34 manque), in-8⁰.

7118. « Registrata dicta *Olim*. Inqueste terminate Parisius in parlamento sancti Martini hiemalis anno 1258 » (jusqu'en 1317). — « Ordonnances royaux faietes sur le faiet et estat de la cour de parlement du Roy ordonnée seoir à Poictiers » (1418-1430). — Extraits des registres du Parlement (1469-1504), des Grands jours d'Auvergne (1520-1596), des Grands jours de Poitiers (1634). — xvii⁰ s. Pap., petit in-fol.

21916. Extraits des registres *Olim*. — xvii⁰ s. Pap., 286 pages, petit in-fol.

13542. « Conseil secret [du Parlement] de l'année 1654. » — Copie du xvii⁰ s. Pap., 212 pages, in-8⁰.

6957. « Conseil secret du Parlement (nov. 1710-oct. 1711). » — xviii⁰ s. Pap., petit in-4⁰.

21728-21729. Extraits des Registres de la Chambre des comptes (1300-1590). — xviii⁰ s. Pap., 657 fol., gr. in-4⁰.

213. Table alphabétique des registres de la Chambre des comptes (1316-1686). — xviii⁰ s. Pap., 457 fol., in-fol.

4184. « Table des registres de la Chambre des comptes, contenant un abrégé des 75 registres depuis 1358 jusqu'à 1660, avec un recueil de tous les annoblissements enregistrés dans lesdites archives depuis 1433 jusques en 1706. » — xviii⁰ s. Pap., in-fol.

212. Registre Saint-Just de la Chambre des comptes. — Copie du xviii⁰ s. Pap., 105 pages, in-fol.

214. Extraits divers de registres de la Chambre des comptes. Copie du « Registre de la Chambre des comptes, coté L-1240 » (jusqu'en 1593). — xviii⁰ s. Pap., 316 fol., in-fol.

9133. « Annoblissements extraits des registres de la Chambre des comptes (1340-1660), par Mᵉ François Godé de Soudé... 1675 » (258 pages). — « Inventaire des lettres... touchant le fait du Roy avec les roys d'Angleterre Henry et aussi Edward, et le roy d'Escoce, lesquelles sont au coffret signé A. (90 pages). — Etc. — xviiᵉ-xviiiᵉ s. Pap., in-8⁰.

20740. « Mémoire instructif des matières qui se traitent en la Chambre des comptes. Liste suivie des premiers présidents, avocats, procureurs généraux, maitres correcteurs et auditeurs de la Chambre des comptes de Paris. » — xviiie s. Pap., fort vol. in-fol.

11894. « Instruction sur le faict de la Chambre des comptes. » — xvie s. Pap., 464 fol., petit in-fol.

12182-12193. Extraits des Registres de la Cour des monnaies. Tomes I-VI. Extraits (1400-1699). Tome VII. Affineurs. Tome VIII. Juridiction de la Cour. Tomes IX-XII. Tireurs d'or, marques du contrôle, essayeurs, etc. — xviiie s. Pap., 12 vol. gr. in-fol.

282. « Compte de Jehan de Serre, dit Vigneron, commis par Mons. le Regent du royaume, daulphin de Viennois, duc de Berry,... à recevoir le prouffit et emolument des monnoyes de Tours, Angiers, Poitiers, La Rochelle, Chinon et Loches, et depuis... du Mont-Saint-Michiel, Orléans, Fontenay-le-Conte, Bourges, Saint-Poursain, Le Puy, Villefranche et Limoges... » (1520-1521). — Parch., 28 fol., gr. in-4°.

22082. Liste des églises et abbayes de France avec la taxe due au Saint-Siège. — xviie s. Pap., 1754 pages, petit in-fol.

288. Rôle des villes et bourgs de France taxés pour la guerre. — Description de la cour de France. — Prérogatives du roi. — État des secrétaires du roi. — Protocole. — Description sommaire des provinces. — xviie s. Pap., in-4°.

9267. « Table alphabétique des maitres des requêtes de l'Hôtel, » depuis saint Louis jusqu'à Louis XVI. — xviiie s. Pap., in-12.

18809. « Discours, mémoires, plaidoyez touchant l'origine des ducs et pairs de France. » — xviiie s. Pap., 4 forts vol. in-fol.

6970. État du Conseil privé et d'État; protocole; charges relevant de la couronne. — xviie s. Pap., 265 pages, in-8°.

220. « Entrevûes des roys et princes souverains. — Cérémonies observées à jurer les traictez de paix. — Cérémonies observées en des festins royaux. » — xviie s. Pap., in-fol.

9401. « Inventaire des cérémonies observées et des fêtes données pendant les règnes des rois de France... (depuis 494 jusqu'à l'avénement de Louis XIV) pour servir d'addition au *Projet d'un nouveau cérémonial français*, imprimé en 1746. » — xviiie s. Pap., 431 fol., petit in-fol.

310. Traités des rois de France avec les papes, les ducs de Ferrare, les républiques de Florence, de Lucque, les ducs de Milan, de Mantoue et de Parme. — xviie s. Pap., in-fol. Aux armes de Loménie de Brienne.

2989. Rapports au roi par le cardinal de Joyeuse, en particulier au moment de l'élection du pape Léon XI (1605). — xvii⁰ s. Pap., petit in-fol.

2820. « Journal du voyage de M. Arnauld de Pomponne, ambassadeur extraordinaire du roi en Suède. » 1666. — Copie du xvii⁰ s. Pap., gr. in-4⁰.

2819. « Voyage fait en Hongrie, en 1704 et 1705, » par le secrétaire de M. Desalleurs, envoyé du roi auprès du prince Ragoczy. — xviii⁰ s. Pap., gr. in-4⁰.

21186. « Etat des consuls, vice-consuls, chanceliers et autres employés en Espagne, Portugal, Italie, Nord, Levant et Barbarie : celuy des drogmans, secretaires-interprettes, jeunes de langues à Paris et à Constantinople. Année 1770. » — xviii⁰ s. Pap., 2 vol. petit in-4⁰. Aux armes de M. de Sartines.

16311. « Advertissemens comme les Anglois ont accoustumé estre traictés en jugement par cy devant et comme ils y sont traictés à present et aussi comme les Françoys sont traictés en Angleterre. » — xvi⁰ s. Pap., 6 fol., petit in-fol.

Ordres militaires.

5583. « Indice di tutte le lingue della religione Gerosolimitana. » — xvii⁰ s. Pap., 84 pages, in-fol.

9459. « Catalogue des chevaliers de l'ordre de Saint-Jean de Jérusalem. » — xviii⁰ s. Pap., petit in-fol.

2934. « Le martyrologe des chevaliers de Saint-Jean de Hierusalem..., par frère Matthieu de Goussancourt. » (Copie de l'imprimé, de 1654.) — xvii⁰ s. Pap., 710 pages, in-4⁰.

— Voy. plus loin Beauvais-en-Gâtinois, Eterpigny, Fieffes, Metz, Orléans, le Saulce et Sommereux.

1323. Statuts de l'ordre de Saint-Michel. — xv⁰ s. Parch., in-4⁰.

20699. « Suite du recueil de tous les chevaliers de l'ordre du Saint-Esprit » (1623-1784), par le sieur de La Font d'Eaubonne, de Lyon. — xviii⁰ s. Pap., 407 pages, gr. in-4⁰.

24208. « Preuves des chevaliers du Saint-Esprit, lors de l'institution dudit ordre, » en 1578 (jusqu'en 1682). — xvii⁰ s. Pap., 402 fol., in-fol.

4373. « Compte de l'ordre royal et militaire de Saint-Louis. Année 1759; par M. Thomas, trésorier général dudit ordre. » — Pap., in-fol.

26056. Recueil de brevets « de chevalier de justice de minorité » dans l'ordre de N.-D. du Mont-Carmel (1720) ; — de « salpetrier ordinaire de Sa Majesté » (1608) ; — de « chevalier de la Légion d'honneur » (1810) ; — « d'huissier-priseur-vendeur de meubles en la prévôté et châtellenie de Dun, » etc. — xviiie-xixe s. Parch., 25 pièces environ, gr. in-fol.

XVIIIe et XIXe siècles.

*Recueils de lettres et pièces, la plupart sur les finances,
sous l'Ancien régime, la Révolution, l'Empire et la Restauration.*

16661. Recueil d'autographes de personnages des xviie-xixe siècles : Guichenon, La Beaumelle, Lenglet du Fresnoy, Florian, Cuvier, etc. — 51 pages, in-fol.

20537, 20538 et 20926. Recueil d'autographes de littérateurs des xviiie et xixe siècles : Andrieux, Bernardin de Saint-Pierre, Boissonnade, Carnot, François de Neufchâteau, Lacépède, etc. — La plupart de ces lettres sont adressées aux rédacteurs en chef du *Mercure de France* et du *Journal de Paris.* — In-4°.

3542 (13, 20, 22, 80, 83, 107, 117-126, 150-155). Recueils de lettres diverses de la fin du xviiie siècle et du commencement du xixe. Plus 19 autres volumes sans numéros.

3542 (*). Lettres diverses de Louis XVIII (1795) ; Kociuszko (1814) ; Oudinot, Macdonald (1820) ; Canclaux (1812) ; Jomini, Menou (1806) ; Lannes (1809) ; Jourdan, Lefebvre-Desnouettes (1813) ; Moreau (1793) ; la princesse des Ursins (1716) ; le duc de Lorraine (1709) ; Maurice de Saxe (1727) ; Louis XIV (1697) ; L.-A. de Bourbon (comte de Toulouse), etc.

8073. Lettres diverses de Voltaire, Lacépède, Geoffroy Saint-Hilaire, Leibnitz, l'abbé de Saint-Léger, etc. — xviiie-xixe s. Pap., in-4°.

18396 (2 vol.), 18477-18479, 18501, 18502 et 19431-19478. Papiers, lettres, etc., provenant du Contrôle général, puis du Ministère des finances. — xviiie et xixe s. Pap., 55 vol. in-fol. et in-4°, auxquels il faut joindre un certain nombre d'autres volumes faisant partie de la série comprise sous le n° 3542 :

(73-75, 77-82 et 88). Papiers divers du Contrôle des finances. — xviiie et xixe s. 206, 255, 145, 133, 199, 212, 290, 296, 350 et 190 pages.

(43). Pièces satiriques et mémoires sur les finances du xviiie s. — 154 fol.

(60). Projet de répartition d'impôts dans la généralité de Paris (1767). — 217 pages.

(99). De la répartition des tailles, par l'abbé Clary (1778). — 112 pages.

— Lettres adressées par divers personnages.

(100). Lettres de l'abbé Terray, la duchesse douairière d'Uzès, le duc de Duras, de Lorge, de Pontchartrain, Trudaine, l'abbé de Lubersac, de Barentin, etc. (1704-1789). — 811 pages.

(167). Lettres de de Moncrif, de Maupeou, d'Éon, Sedaine, Marmontel, La Grange, Piron, Fréron, Lacépède, La Condamine, etc. (1723-an IV). — 81 feuillets.

(96). Lettres du prince de Rohan, la comtesse de Polignac, MM. de La Feuillade, de Miromesnil, etc. (1723-1787). — 255 pages.

(101). Lettres de de Poilly, de la Houssaye, de Breteuil, Louis-Joseph de Bourbon, et différents archevêques et évêques français (1730-1785).

(*). Lettres de Manuel, Gail, le bailli de Mirabeau, de la Guerche, Malouet, Merlin (1730-1794).

(166). Lettres, provenant du Ministère des finances, de Ginguené, Manuel, Lakanal (décrivant sa retraite), La Revellière-Lepeaux, Lavoisier, Le Peletier de Saint-Fargeau (1769-an IV). — 134 pages.

(108). Lettres de Charron de Ménars, d'Armenonville, la comtesse de Bérulle, Gilbert de Voisins, Héricart de Thury, Joly de Fleury, l'abbé de Grimaldy, Tronson, etc. — 497 pages.

(80). Bons du roi Louis XV ; pièces signées du duc de Bourbon et de Philippe d'Orléans.

(78 bis). Reçus du maréchal de la cour du roi de Pologne (1735) ; autres signés de Mirabeau, de Madame Victoire, du maréchal de Noailles, etc. — Lettres de Goëzmann, relatives à son procès (1774). — 463 pages.

(157). Lettres du duc de Broglie (1788), de Camille de Rohan (1787), du duc de Choiseul (1769), etc. — xviiie-xixe s. 47 pages.

(63). Lettres de différents évêques (1782-1787). Examen de bacheliers en chirurgie, signé : Corvisart (1787). — 209 pages.

(94-95). Lettres de divers archevêques et évêques de la fin du xviiie siècle, de Méchain (1793), La Rochethulon, le comte de Grammont, Merlin, etc. — 518 pages.

(103). Lettres du duc de Charrost (1789), Champion de Ville-neuve (1787), le duc de Luynes (1789), le maréchal de Beauvau

(1791), Rœderer (1792), Camus (an VII), Robert Lindet (an VIII), Choiseul-Praslin (an IX), etc. — 585 pages.

(*). Lettres des ducs du Châtelet et de Laval, le baron de Montesquieu (1789), Ginguené (an III), Achard (an IV), Guillotin (an V), Chaptal (an IX), Serrurier (an XI), Kellermann (an XI), Louvet (1808), Lanjuinais (1812), etc. — 338 pages.

(55-56). Lettres diverses (1792-1825). — 209 et 310 pages.

(57). Lettres de Pigalle, Camus, Lacépède, Joseph Bonaparte, etc. (1790-1813). — 433 pages.

(58). Lettres de Delaville Le Roulx (1792), Sedaine (an IV), Barbé-Marbois (an IX). — 299 pages.

(102). Lettres du maréchal de Beauvau, le chevalier de Boufflers, Dom Poirier, Fr. de La Rochefoucauld (1812), etc. — 512 pages.

(112). Lettres de Berthelot, procureur général de la Seine (1793), Benjamin Constant (an VIII), Clément de Ris (an. X), etc. — 400 pages.

(158-159). Lettres de Carnot, Pelet, Collot d'Herbois, Chaumette, Cadet-Gassicourt, Courtois, etc.

(165). Lettres de Merlin, Cambacérès, Billaud-Varennes, Robert Lindet, Barère, Eschassériaux, etc. — 157 pages.

(169-172). Lettres de Pache, La Rochefoucauld, l'abbé de Prades, etc. — 4 vol.

Révolution.

10702 et 11347. Lettres adressées de Paris sur les affaires publiques et la Révolution (1789-1793). — 552 et 320 pages, in-4°.

21499. Lettre de Duportail à M. de Liancourt (4 décembre 1790) lui envoyant un projet de peupler la Corse de colons irlandais, etc. — In-fol.

3542 (*). « État des sommes payées par le trésorier de la Commune de Paris, pour le compte du Conseil général, sur les fonds attribués aux dépenses extraordinaires occasionnées par la Révolution du 10 août 1792; ledit état arrêté le 20 novembre suivant. » — 35 feuillets.

21476. « Deuxième registre pour servir à l'enregistrement des loix, commencé le 6 novembre 1792, l'an Ier de la République. » — Jusqu'au 23 thermidor, an III. — In-fol.

3542 (156). Recueil de pièces de l'époque de la Révolution. — Commissaires pour la bibliographie au district de Valognes, an III. — Copie d'un rapport pour l'établissement d'une salle d'assemblée pour la Convention nationale, an Ier. — Instructions pour le citoyen Duvi-vier, 1793. — Comités révolutionnaires des 4e et 10e arrondissements. — 85 pages.

10052. Réflexions sur les finances, la politique, etc., datées d'Abbéville, janvier 1793. — 253 pages, in-4°.

21857. « Comité de salut public, sur la guerre, an III. » — 26 pages.

3542 (208). Lettres du Comité de salut public au Comité des finances, signées : Carnot, Collot d'Herbois, Barère, Prieur, Robert Lindet, Saint-Just, Billaud-Varennes, etc. — 58 pages.

3542 (186). Lettres du cardinal de Bernis relatives à la canonisation de Jeanne de Valois (1772). — Pièces diverses du Comité de salut public et de la Convention nationale.

3542 (179). Lettres de Duval, ministre de la police (an VII), Roger Martin, Pache (an III), etc.

21140. « Session de l'an X. Notes des envois de messages, projets de lois, discussions, promulgations, etc. » — Pet. in-fol.

3542 (203). Projets de décorations, signés de Visconti (29 thermidor an XI). — 12 pages.

22043. Documents officiels, signés de Pichegru, Saint-Just, Collot d'Herbois, Carnot, Soult, etc., provenant des Ministères de l'intérieur et de la guerre. — Pet. in-fol.

3542 (*). Lettres de Fouquier-Tinville (1793), Carnot (an VII), A. de Montalembert (1818), Dupré de Saint-Maur (1784), l'abbé Fauchet (1790), etc.

18675 et 18684. Lettres adressées à John Charretie, commissaire du gouvernement français à Londres, à l'époque de la Révolution. — Pet. in-fol.

3542 (*). Papiers du peintre Gautherot ; sa correspondance avec la Société populaire d'Auxerre (1793). — 2 volumes de 56 et 80 pages.

24739. Billets adressés au peintre Gautherot († 1825). — 88 pages, in-4°.

16431. Lettres de Berthollet, etc. (ans V-IX). — Pet. in-fol.

18907. Billets de Mmes Roland, Fanny Beauharnais, Amable Tastu, de Genlis, etc.

16800 et 18474. Recueil d'autographes divers, la plupart du temps de la Révolution. — 2 volumes, pet. in-fol. et in-8°.

11717. Recueil de lettres adressées aux ministres de la guerre, sous la Révolution et l'Empire, par les généraux Bessières, Bonnard, Brune, Dugommier, Dumas, etc. — Rapport de Carnot aux consuls, 7 vendémiaire an IX. — 124 pages, in-fol.

15608. Autre recueil de lettres des généraux Augereau, Drouot, etc. — 05 pages, in-4°.

23617. Pièces officielles adressées par des généraux aux ministres de la guerre et de la justice, sous la Révolution et l'Empire. — 525 pages, pet. in-fol.

14102-14103. Billets autographes d'Abrial, Augereau, Barthélemy, Berthier, Cambacérès, Daru, Grouchy, Lameth, Lebrun, Mollien, Pichegru, Roger-Ducos, etc. — 133 et 79 pages, in-4° et in-12.

18692. Recueil d'autographes du temps de la République et de l'Empire. — Pet. in-fol.

18399. Recueil d'autographes, la plupart du temps de l'Empire. — Pet. in-fol.

18889. Recueil d'autographes, la plupart du temps de l'Empire : Azaïs, Briffault, Cadoudal, Cambon, Conway, Dejean, etc. — 200 pages, in-4°.

25671. Copies de pièces, poésies, etc.; beaucoup sont relatives à Augereau. — 20 pages environ, in-fol.

17233. Correspondance officielle de Napoléon Ier avec le général Baraguey d'Hilliers, ans IV et V (signatures). — 118 fol., in-fol.

25661. Copies de lettres de Bonaparte pendant l'expédition d'Égypte, an VII, adressées surtout au général Fugières. — 20 lettres environ, pet. in-fol.

15646. Correspondance de l'armée française en Égypte (non vu).

19704. Pièces comptables relatives aux subsistances de l'armée d'Orient en Égypte, en l'an VIII. — Pet. in-fol.

11007. Notes autographes (de Chassipollet?) sur l'Égypte et Méhémet-Ali. — In-fol.

3542 (193-194). Lettres et instructions adressées au général Vial, commandant la province de Damiette, an VII. — 138 et 203 pages.

11319. Signalement des conscrits de la première classe du canton de Thiaucourt (Meurthe), an VII. — 40 pages, pet. in-4°.

3542 (9). Pensions de retraite accordées à l'époque du Consulat (titres originaux). — 318 pages.

23625. Documents officiels adressés, en grande partie, à M. Petiet, ministre extraordinaire de la République française près le gouvernement cisalpin, par des généraux et autres officiers français installés à Milan (ans IX et X). — 187 pièces, in-fol.

Empire.

11317. Lettres adressées par Bonaparte, premier consul, au

ministre de la guerre (an VIII). — Quatre-vingts lettres environ adressées par Napoléon Ier au prince de la Moskowa (1813-1814). — Rapports adressés à Bonaparte, premier consul ou empereur, par le ministre de la guerre. — In-4°. (Une copie des lettres de Napoléon Ier qui se trouvent dans le manuscrit 11317 forme le numéro 20031.)

3542 (*). Lettres de Joseph et Louis Bonaparte; de Napoléon Ier à la princesse Pauline (Borghèse) et au duc de Berg (Murat). — 87 pages.

25011. Recueil de signatures de Napoléon Ier et de différents généraux de l'Empire. — Gr. in-plano.

15912-15915 et 17757. Lettres italiennes, pièces diverses et généalogie de la famille Bonaparte. — XVIe-XIXe s. 5 vol., in-fol.

20618. Dépenses du grand maître des cérémonies (1810). — Dépenses du mariage de Napoléon Ier (1813).

11715. Deux mémoires de dépenses de Constant, valet de chambre de Napoléon Ier. — 33 pages, in-4°.

21040. Copie du projet de budget pour 1810. — In-fol.

3542 (153). Récépissés des receveurs particuliers et généraux (1811-1812).

24175. Copie de la correspondance entre le ministère et les évêques de France au sujet d'établissements d'annexes ou de demandes en érection de chapelles (30 avril 1808-10 février 1812). — 252 fol., in-fol.

3542 (*). Code de procédure criminelle promulgué en Hollande par Jérôme Napoléon, avec sceau et sign. autogr. (19 août 1808).

11307-11316, 11318, 11326 et 23611-23616. Lettres et documents officiels adressés à M. Hirsinger, M. de Montholon et au comte Germain, ministres plénipotentiaires à Wurzbourg. — Correspondance officielle de M. de Wagner, conseiller intime d'État de l'archiduc grand-duc de Wurzbourg, etc., à l'époque de l'Empire. — 18 vol., pet. in-fol.

18503. Mémoires politiques du temps de l'Empire. Moyens de détacher la Hollande de l'Angleterre. Situation de l'Espagne, etc. — Pet. in-fol.

3542 (207). Lettres de l'empereur d'Haïti, Jacques Ier, et du roi Henri-Christophe (1804-1816). — 29 pages.

22203. Documents officiels signés de ministres plénipotentiaires et de consuls du temps de l'Empire. — 533 pages, in-fol.

20131. Documents officiels divers (1808-1816). — Pet. in-fol.

20068. Lettres du directeur général de la caisse d'amortissement

(1815) relatives à des saisies d'argenterie faites, vers 1807, dans des églises de Magdebourg et Munster. — Pet. in-fol.

15680. « Revue de l'armée russe, près Vertus, 1815. » — Ordre de bataille de l'armée impériale russe, commandée par Barclay de Tolly. — 11 plans.

Restauration.

24180. Copie de la correspondance entre le ministère et les évêques de France (novembre 1824-octobre 1825). — 395 pages, in-fol.

15446. État des secours accordés par le ministère aux prêtres indigents (1825-1828). — Pet. in-fol.

3542 (132, 134, 136, 137, 140). Lettres diverses adressées à M. Baudouin, imprimeur, Anisson-Duperron, directeur de l'Imprimerie royale, au directeur du *Journal de Paris*, à M. Tastu, directeur du *Mercure*, par le sculpteur Bosio, de Humboldt, Lacretelle aîné, Mollevaut, Dupont de Nemours, le comte de Caylus, le duc de la Rochefoucauld, la baronne de Staël, Silvestre de Sacy, Carnot, Adèle Legouvé, Lemontey, Anquetil, Cabanis, Millevoye, Fourcroy, Désaugiers, Benjamin Constant, Andrieux, Laffitte, Félix, Châteaubriand, de Gerando, d'Alembert, Maine de Biran, Ginguené, Buffon, Guizot, Collin d'Harleville (vers 1806-1824).

3542 (164). Lettres de Raoul-Rochette, Lemercier, Félix, Nodier, Ducange, Salverte, etc., adressées aux rédacteurs en chef du *Journal de Paris* et du *Constitutionnel*. — 187 pages.

3542 (194). Lettre de « Marat, l'ami du peuple, » 4 novembre 1794. — Lettres diverses adressées à M. Tastu, directeur du *Mercure de France*.

16693. Adresses de félicitations envoyées aux Parisiens après la révolution de Juillet par les villes de Leeds, New-Castle-upon-Tyne, Dublin, Birmingham. — Parch. et pap., in-plano.

15902-15903. Copies de lettres de M. Audin au comte de Saint-Leu (1841-1842) et lettres adressées à M. Audin (1830-1840). — 2 vol., pet. in-4°.

25140. Billets d'hommes de lettres et artistes : le graveur Dupont, Chenavard, Villemain. Beaucoup de ces billets sont adressés à M. Auguis. — 207 pages, in-12.

25765. « Palais de la Chambre des députés. » Notice historique et plans par M. Ch.-L.-G. Eck, architecte, inspecteur des travaux de la Chambre des députés (1834). Exemplaire offert au roi. — 12 feuillets et 4 planches, dont 2 gravées, gr. in-fol.

III.

HISTOIRE DES VILLES ET ANCIENNES PROVINCES.

Abbeville. — 9711. « Les armes et blasons des anciens maieurs et echevins de la ville d'Abbeville, depuis l'an 1083, » jusqu'en 1789. — XVII°-XVIII° s. Pap., 569 fol. plus la table; in-fol.

Agen (Collège des Jésuites d').

1001. Boetius de consolatione philosophiæ. — XIII° s. Parch., in-8°.

1003. Ciceronis opuscula philosophica : Paradoxa, Somnium Scipionis, Topica, de Amicitia, de Senectute, etc. — XV° s. Pap., in-8°.

1001. Titi Livii orationes. — XV° s. Pap., in-4°.

1006. Solini liber de mirabilibus mundi. — XV° s. Pap., in-8°.

1007. Donati, Diomedis, Servii opuscula grammatica, etc. — XV° s. Pap., in-8°.

1008. Fulgentii Planciadis mythologia, etc. (1483.) — XV° s. Pap., in-8°.

1011. Sirmondi annotationes in Virgilium. (1582.) — Pap., pet. in-4°.

1014. Ciceronis opuscula philosophica : de Senectute, de Amicitia, Somnium Scipionis, etc. — XV° s. Pap., in-8°.

1028. Formulaire d'actes de Pèdre IV le Cérémonieux, roi d'Aragon (1336-1387). — XIV°-XV° s. Pap., 156 fol., in-4°.

2291. Sallustius. — XIV°-XV° s. Parch., in-8°.

2714. Valerius Maximus. — XV°-XVI° s. Parch., 124 fol., in-4°.

2915. Sallustius. — XV° s. Pap., 92 fol., in-8°.

3363. Pomponius Mela et Solinus. (1469-1470.) — Pap., 126 fol., in-8°.

4737. Boetius de consolatione philosophiæ. — XIV° s. Pap., in-fol.

9072. Senecæ epistolæ. — XV° s. Pap., in-fol.

9303. Vita et prophetia sanctæ Hildegardis. — XII°-XIII° s. Parch., in-fol.

14939. SS. Cyrilli et Basilii opuscula, a Georgio Trapezuntio latine versa. (1514.) — XVI° s. Pap., in-fol.

24058. Chronicon Italiæ. (*Neues Archiv*, X, 589.) XV° s. Pap., in-4°.

Aignay-le-Duc. — 8891. « Compte 6° de Nicolas Garnier, receveur d'Aignay-le-Duc pour le Roy. » (1er oct. 1525-30 sept. 1526.) — Parch., 53 fol. 347 ✕ 255ᵐᵐ.

Amboise. — 3745. « Ordinaire Amboyse pour une année finie le dernier jour de septembre M. V° XXXVII. Conte de Alexandre Blandin, receveur ordinaire... d'Amboise...» — Parch., 325 ✕ 280ᵐᵐ, environ 40 fol. — « Mises et despences faictes par ledict trésorier l'an de ce present compte. » — Parch., 20 fol. 527 × 360ᵐᵐ.

Amiens. — 17809. Chartes concernant Amiens dans ce recueil. — (XIIIᵉ-XIVᵉ s.)
Célestins d'Amiens.

818. Bernardus de Gordonio. — Tacuinus de sanitate. — Epistola Vincentii Belvacensis ad Ludovicum regem de morte amici. — Page 281 : « Iste liber est de monasterio fratrum Celestinorum de Ambianis, donatus quondam per venerabiles viros, domini nostri Regis consiliarios, magistros Huguonem et Johannem de Allyaco, una cum plurimis aliis bonis que prelibato monasterio, ob salutem et remedium animarum suarum misericorditer erogaverunt. » — XIVᵉ s. Parch., 281 p., in-fol.

10231. « Vita, obitus et miracula Petri Celestini confessoris. » — XVᵉ s. Parch., pet. in-4°.

Angers. — 229. « Ce sont les choses et revenues dou doyen et chapitre d'Angiers en leurs terres d'Estiau et de Joué, rédigées... par mons. Guillaume de Launey, gouvernours de celles terres... » (1380-1383.) — Parch., 287 pages, petit in-fol.

1324. Decrétales de Grégoire IX, avec gloses. — Au verso du dernier feuillet, on lit : « Has Decretales pro sexaginta decem sol., et sunt Johannis de Kaer, canonici in ecclesiâ Andegavensi. » — XIIIᵉ s. Parch., in-4°.

Angoulême. — 4413. Dépenses de Jean, comte d'Angoulême. « Parties paiées et delivrées par Guillemin le Vesville... » Château de Romorantin, 1454. — Parch. 2 rouleaux de 3 et 5 mètres environ.

Arras. — 2895. Cartulaire des comtes d'Artois (*Cartularium Matildæ comitissæ Artesiæ*). Fragments comprenant les chartes numérotées au XVIIIᵉ siècle : nᵒˢ 63-102 (fol. 1-6) ; nᵒˢ 151-169 (fol. 7-12) ; nᵒˢ 297-336 (fol. 13-20). — XIVᵉ s. Parch., 20 fol. 322 × 250ᵐᵐ.

14257. « Comptes des revenues et mises de la ville d'Arras. » (1ᵉʳ nov. 1535-30 oct. 1536.) — Autre compte. (1ᵉʳ nov. 1534-30 oct. 1535.) — Suivent différents fragments de comptes. (Parch., fort vol. in-fol.)

8787. « Compte des revenues, » etc. (1ᵉʳ nov. 1572-30 oct. 1573.) — Parch., environ 30 fol. 397 × 320ᵐᵐ.

24299. Compte de la ville d'Arras pour l'année 1668 ; et fragments de divers comptes et inventaires. — Parch., 264 pages, in-fol.

25030. Fragments de comptes de l'abbaye de S. Vaast, notamment pour les années 1518, 1530, 1541, 1542, 1543. — XVIᵉ-XVIIᵉ s. Parch., 8 volumes in-fol.

10631-10633. « Compte de la value et revenu du buffet de l'église et abbaye de Sainct-Vaast d'Arras. » (1616-1617.) 484 feuillets (manquent les ff. 61-182). — Même compte pour l'année 1653. Fol. IX-XLIII. — Autres fragments, du XVIe s. (Parch., in-fol.)

17776, 18679, 18767-18769, 19037, 19060 et 19074-19076. Chartes diverses d'Arras. (XVIe-XVIIIe s.)

3526. Recueil de pièces historiques sur la ville d'Arras. (XVe-XVIIIe s.) Ce recueil débute par une chronique française d'Arras s'arrêtant à l'année 1549. — XVIIIe s. Pap., 5 vol. in-fol.

10203. « Rolle... des villages... de l'Artois. » — XVIIIe s. Pap., in-fol.

8792. « Remarques faictes sur plusieurs articles de la Coutume d'Artois, » par le conseiller Hébert. — XVIIIe s. Pap., 647 pages, in-fol.

Asprieres. — 16578. Obituaire de l'église « de Aspreriis. » — XVe-XVIIe s. Parch., fol. XV-XXXj (avec lacunes, en tout 12 fol.), in-4°.

Auberive. — 17585. Ordonnances de Denys l'Argentier, abbé de Clairvaulx, concernant le monastère de Notre-Dame d'Auberive, 8 mars 1622. — Pap., 5 fol., in-4°.

Aumône (Abbaye de l'). — 25098. Bulle du pape Alexandre III en faveur de cette abbaye.

Autun.

9671. Anonymi tractatus de virtutibus. « De effigie, sive specie virtutis. Scit omnis populus... » — En tête du fol. 1, on lit : « Anthonius Borrenet, præpositus, canonicus et officialis Hæduensis, sub reverendo patre domino Charolo Aillehoust, Hæduensi episcopo, possidebat. 1578. » — XVe s. Parch., pet. in-4°.

Avignon. — 18818. Statuta civitatis Avinionensis, a. 1243. — Conventiones inter Alfonsum, comitem Tholosæ, Carolum, comitem Provinciæ, comitem Forcalque.ii et communem ejusdem civitatis, a. 1251. — Etc. — XIVe s. Parch., in-fol.

4575-4576. Registres des « lettere scritte da mons' Francesco Niccolini, vice-legate d'Avignone, nell' anno 1677, a' SSmi cardinali della S. Congr. de Propaganda fide. » (1677-1685.) — Pap., 10 vol., in-4°.

4590. « Lettere del Re e Ministri di Francia a M. Niccolini, V. Legato di Avignone, dal 1677 al 1685. » — Pap., in-fol.

16322. Mémoire sur le comtat Venaissin et sur la ville d'Avignon. Recherches historiques sur Carpentras. Sédition d'Avignon, en 1653, etc. — XVIIIe s. Pap., petit in-fol.

15705. Recueil de pièces manuscrites et imprimées sur la ville d'Avignon. (1789-1790.) — Pap., 583 pages, in-4°.

10399. Revenus et cens dus à Raymond « Carrerie, archidiaconus monasterii Sancti-Pauli de Mausoolo, in ecclesia Avinionensi, ratione sui archidiaconatus. » 1401. — Parch., in-fol.

Balerne (Abbaye de N.-D. de), diocèse de Besançon.

22056. « In Lamentationes Iheremie expositio Pascasii Ratberti. » Au bas du dernier feuillet, on lit : « Liber Sancte Marie de Balerna. » — XIIe s. Parch., in-fol.

Bayeux. — 10337. « Antiquus cartularius capelle B^e Marie virginis in ecclesia Bajocensi. » — XIIIe s. Parch. 250 × 170^{mm}. (2 volumes.)

16404. Compte rendu par Gabriel Suhard, frère héritier de feu Jehan Suhard, chanoine de Bayeux et receveur de la Commune dudit chapitre (1585-1586). Incomplet du commencement. — Parch., in-fol.

22890. « Oraison funèbre de Mgr. Joseph-Dom. de Cheylus, évêque de Bayeux..., prononcée par M. Philibert, curé de Mesnil-Rainfroy, le 2 mai 1797. » — Pap., in-fol.

4206. Diogène Laerce, traduction d'Ambroise Traversari. — Au fol. de garde : « Ex libris Caroli d'Humieres, episcopi Bajocensis. » (1548-1571.)

Bazoches, près Falaise. — 2994. État des ventes assises au bois de Bazoches. 1553. — Parch., in-4°.

Beaucaire. — 7426. Enquête sur les droits du Roi dans la sénéchaussée de Beaucaire. (Incomplet du commencement et de la fin.) — XVIe s. Pap., fol. 49-216, in-4°.

16246. « Dissertation sur la ville d'Ygerno, colonie grecque à laquelle a succédé Beaucaire. » — XVIIIe s. Pap., 27 pages, in-fol.

Beauvais. — 7404. Cartulaire de Saint-Quentin de Beauvais. — XIIe siècle. Parch., 231 fol., in-fol.

21373. « Recepta bonorum pertinentium ad domum de Ailliaco, facta per Johannem de Senarpont presbiterum, a festo beati Arnulphi, anno Domini M^o CC^o nonagesimo VIII°, de qua idem J. computavit in capitulo Belvacensi... » — Parch. Rouleau.

10977. Charte de Barthélemy de Montcornet, évêque de Beauvais (s. d.), dans ce recueil.

2860. Pentateuque. — Au verso du dernier feuillet, l'ex-libris : « Sancti Petri Belvacensis. » — IXe s. Parch., fort vol. in-fol.

Beauvais-en-Gâtinais. — 1333. Vingt chartes de la commanderie de Beauvais-en-Gâtinais, concernant Ormoy, la Brosse, Corbeil, Tourny ; terrier de la commanderie du Bourgoult (1482). — XIIIe-XVe s. Parch.

2976. Quelques chartes de la commanderie de Beauvais-en-Gâtinais. (XIIIe-XVe s.)

Belvès, etc. (Dordogne). — 86. « Titres et memoyres concernans Belver, Bigarroque, Saint-Ciprien et Mozens, Coze, Millac. » Copie collationnée (Philiparie). — XVIe siècle. Parch., 248 fol., in-4°.

Besançon. — 7405. Cartulaire de la Madeleine de Besançon. (Nombreuses lacunes.) — XIIIe s. Parch., 64 pages. 300 × 215^mm.

3002. Copie du diplôme de l'empereur Mathias, contenant les privilèges de l'église cathédrale de Besançon. (23 janv. 1613.) — XVIIe s. Parch., 40 fol., in-fol.

17743. « Synopsis rerum gestarum circa decanatum majorem ecclesiæ metropolitanæ Bisuntinæ ab anno 1662 usque ad presentem annum 1667. » — XVIIe s. Pap., 144 pages, in-4°.

23118. Chartes (XIIIe s.) dans ce recueil.

3601. « Catalogus numismatum musæi Chifletiorum secundum seriem variarum historiarum quæ in eo continentur. » — XVIIIe s. Pap., 147 pages, in-4°.

Blois. — 7005. « Compotus Johannis Delet, clerici, grenetarii ecclesie Sancti Salvatoris Blesensis, de recepta granorum venien. apud Bles. et de vendicione eorumdem..., a vigilia beatorum Jacobi et Christophori anni 1417-1418. » Parch., 33 fol. 520 × 370^mm.

25033. « Compte de la petite bource de l'église Sainct-Sauveur de Bloys pour l'année finie à la St-Jean 1644. » — Parch., 47 pages.

Bonne-Combe (Abbaye de), diocèse de Rodez. 8103. « Divationes quas composuit magister Guicho. » — A la fin : « Liber Sancte Marie Bone Cumbe. » — XIVe s. Parch., fort vol. in-fol.

Bordeaux. — 113. Rentale archiepiscopatus Burdegalensis (1250). — Parch., fol. I-XVI, in-fol.

2855. Rentale archiepiscopatus Burdegalensis. — XIIIe s. Parch., fol. 87-100, in-fol.

1314. Terrier de l'archevêché de Bordeaux (1494). — Parch., 294 fol., in-fol.

1319. « Contredictz des chapitres de St-André et St-Severin de Bordeaux en matière de deffenses contre l'archevêque de Bordeaux, concernant la bulle d'exemption. » — XVe s. Parch., in-4°.

82. Cartulaire, censier et obituaire du chapitre de Saint-André de Bordeaux (avec quelques lacunes). — XIIIe s. Parch., 122 fol., in-fol.

16902. Fol. 67-68 du ms. 82 qui précède.

1316. Terrier de Saint-André de Bordeaux. (1440-1456.) — Parch., 144 fol., in-fol.

3003. Acquisition faite par le chapitre de Saint-André de Bordeaux de dimes appartenant à Gaston de Montferrant. (1488.) — Parch., 6 fol., in-fol.

71. Cartularium S. Severini Burdegalensis. (« Sanctii comitis liber parvus. ») — XIIe, XIIIe et XIVe s. Parch., 470 fol., in-fol.

1340. Terrier de Saint-Seurin de Bordeaux. (1420-1432.) — Parch., 148 fol., in-fol.

1315. Terrier de Saint-Seurin de Bordeaux. (1440-1444, et 1448-1476.) — Parch., 330 et 174 fol. (2 vol.)

1327. Statuts, comptes et délibérations de Saint-Seurin de Bordeaux, jusqu'en 1606. — XIVe-XVIIe s. Parch., 37 fol., petit in-fol.

20290. « Collection de 160 chartes des XIIIe, XIVe et XVe siècles, reliée en un volume in-folio et parafée, en 1790, par les officiers municipaux de la ville de Bordeaux. Cette collection, qui renferme tous les titres de la confrairie du St-Esprit établie dans l'église de St-Severin de Bordeaux, a été formée au XVIIIe siècle... » — Parch., in-fol.

3507. « Rotulus confratrie Sancti-Spiritus in ecclesia Sancti-Severini Burdegalensis. Actum fuit anno Domini M° CCC°. » — Parch., 14 fol., petit in-4°. (Ce ms. est aussi porté au catalogue imprimé sous le n° 3872.)

9718. « Terrier de la confrérie du Saint-Esprit de Bordeaux. » (1460-1474.) — Parch. Deux fragments de 17 et 15 fol., in-fol.

4371. Obituaire de l'abbaye de Sainte-Croix de Bordeaux. « Asso son los universaris que moss^r l'abat deu monastey Scā Crotz de Bordeu diu far per las armas qui los instituien dedins lo dit monestey de Scā Crotz de Bordeu... » — XIVe s. Parch., 8 fol. 232 × 180^{mm}.

4442. Procès entre le duc de Guyenne, roi d'Angleterre, et l'abbé de Sainte-Croix de Bordeaux au Parlement de Paris pour la haute justice de Saint-Nazaire. 1312 et suiv. — Parch. Rouleau de 15 mètres environ.

69. Cartulaire de l'abbaye de Sauve-Majeure de Bordeaux. Incomplet du commencement et de la fin; brûlures. (1220-1250.) — Parch., 54 fol., in-8°.

4364. Cartulaire de l'abbaye de Sauve-Majeure, contenant cinquante-six actes du XV° siècle, signés du notaire « Johannes de Rato »; paginé I-XLVI. — Parch., in-fol.

1318. Terrier de l'abbaye de Sauve-Majeure. (1471.) — Parch., fol. 70-141, grand in-4°.

1334. Terrier de l'abbaye de Sauve-Majeure. (1480.) — Parch., XXXII fol., grand in-4°.

2859. Terrier de l'abbaye de Sauve-Majeure. (1493-1494.) — Parch., 56 fol., in-fol.

2857. Terrier de l'abbaye de Sauve-Majeure; fragments de 1489-1510. — Parch., 8 fol., in-fol.

4069. Dépositions des témoins produits par l'abbaye de Sauve-Majeure dans un procès avec le roi d'Angleterre au sujet d'un champ où avaient lieu les combats judiciaires. (Vers 1280.) — Plaintes de l'abbaye de Sauve-Majeure contre le roi d'Angleterre qui avait usurpé quelques-uns de ses droits féodaux. (Vers 1280.) — Parch. Deux rouleaux.

4069. Recueil de bulles originales en faveur de l'abbaye de Sauve-Majeure. (Célestin III, Innocent III, Grégoire IX, Innocent IV, Alexandre IV et Clément IV.) — XII°-XIII° s. Parch., 46 bulles.

11886, 13814, 14238, 16135-16170, 16509, 17295, 17510, 17537, 17808, 18258, 18636, 18767-18769, 18928, 19382, 19383, 19498, 19499, 19860, 19977, 21566, 24114, 24115, 24123, 24124, 24387, 24432, 24465, 25672, 25755, 25790, 26105. Chartes de Saint-Seurin, de Sauve-Majeure, de l'hôpital de Saint-Jacme, etc., de Bordeaux. — XII°-XVI° s. Parch. Environ 3,000 chartes, plus deux caisses de chartes de Bordeaux, non classées.

1341. Terrier de l'hôpital Saint-Jacme de Bordeaux. (1460-1516.) — Parch., 44 fol., in-fol.

2854. Terrier du couvent des Jacobins de Bordeaux. — A la fin : « Terrier de la maison noble de Lescombes, appelée la maison de Corbin, autrement Labadan. » — XVI° s. Parch., fol. 23-140. 400 × 305^{mm}.

1331. Procès entre les Cordeliers et les Jacobins de Bordeaux. (1480.) — Parch., 24 fol., petit in-4°.

2007. Copie de lettres patentes de Henri II rendant à Bordeaux ses privilèges. (1550.) — Parch., 4 fol., petit in-fol.

6432. Copie de la correspondance de Boutin, intendant de la généralité de Bordeaux, avec les ministres. (1er oct. 1760-31 déc. 1762.) — xviiie s. Pap., 220 pages, petit in-fol.

25929. Chronologie universelle. (xve s. Parchemin. Rouleau.) — Aux armes d'Artus de Montauban, archevêque de Bordeaux. (1468-1478.)

Bourbourg. — 2259. « Recueil de ce quy s'est passé pendant la vacance après la mort de feue madame Marie-Anne d'Assigny, abbesse de cette abbaye de Bourbourg, décédée le 29 décembre 1694. » — xviie s. Pap., in-4°.

Bretagne. — 21859. Coutumes de Bretagne. « Aucunes fois est advenu... » Incomplet du dernier chapitre. — xve s. Parch., 416 pages, petit in-4°.

23266. « Assize des États generaux et ordinaires du pays et duché de Bretagne, convoqués... en la ville de Dinan..., le mercredi, 15 décembre 1717. » (Copie.) — Pap., 218 fol., in-fol.

3710. « Traité historique des barons de Bretagne, par Dom Lobineau. » — xviiie s. Pap., 806 pages, in-fol.

3542 (72). Pièces officielles relatives aux États de Bretagne. — xviiie s. Pap. 308 pages, petit in-fol.

3542 (*). Correspondance du président Ogier relative à la Bretagne (1768).

Broc (N.-D. du), diocèse de Clermont. — 3682. « Inventaire sive repertoire soumairement faict et extraict d'une partie de ce qu'est contenu en septante ung articles que y a en la fundation du coliege de Nostre-Dame du Broc, datée du 11e et xve avril 1546. » — xvie s. Parch., gros in-8°.

Caen. — 3600. « Recepte generalle des finances de la generallité de Caen... 1634. Bernard Chasot, recep. general. » — Parch. 300 × 237mm.

11895. « Recepte generalle des finances de la generallité de Caen... 1655. Bernard Chasot, recep. general. » — Parch., 214 fol., petit in-fol.

10338. « Mémoires et titres pour servir à l'histoire de l'abbaye de

S**-Trinité de Caen. » Recueil de 66 pièces mss. et impr. formé par l'abbé De La Rue. — Pap., in-fol.

10339. « Mémoires et titres pour servir à l'histoire de l'abbaye de S*-Étienne de Caen. » Recueil formé par l'abbé De La Rue. — Pap., 3 vol. de 55, 7 et 26 pièces, in-fol.

10584. Cahiers de classes du Collège des Jésuites de Caen. (1645-1721.) Lacunes. — Noms des élèves des différentes classes depuis la *Quinta* jusqu'aux *Physici*, avec mentions : « Ætas, Tempus scholæ, Mores, Soluta oratio, Præcepta, Ingenium, Frequentia, Judicium præcept., Judicium examin., Ultima censura. » — Pap., 89 vol., petit in-4°.

Cahors. — 20961. « La vie du... Père Dom Jean de Libra, religieux profez de la Chartreuse de Caors, par le P. Dom Bruno Malvesin..., de la même maison. » 1705. — Pap., 127 pages, in-4°.

Cambrai. — 2283. « Touchant la paix faicte en la ville de Cambray, en l'an XV° XXIX. » 1° « Je veul laisser les escrips poetieques... » 2° Liste des seigneurs et dames qui accompagnèrent la Régente et l'archiduchesse d'Autriche. — xvi° s. Pap., 17 fol., in-4°.

8264. Chronique de Jean Molinet. Au commencement et à la fin, l'ex-libris de : « Cornelius Larre, canonicus Sancti Gaugerici Cameraci. » — xv° s. Pap., petit in-fol.

Carpentras. — Voy. Avignon.

Cassan. — 8076. Obituaire du prieuré de Cassan, diocèse de Béziers. — xii° s. Parch., 224 fol., in-fol.

Castelnau. — 79 (et 809). Cartulaire d' « Armandi de Castro-Novo (Castelnau), diocèse de Saint-Flour. — xiv° s. Parch., 204 fol., in-fol.

Castelnau-de-Médoc. — 231. « Terrier pour Castelnau, contenant... plusieurs baillettes et recognoissances faites à messire Jean de Foix. » (1471.) — Parch., 43 fol., in-fol.

2858. Terrier de messire Jean de Foix, captal de Buch [S**-Hélène, Cussac, Castelnau, etc.]. (1478.) — Parch., 59 fol., in-fol.

Chaise-Dieu (Abbaye de), diocèse de Clermont. — 855. Petri de Sancto Necterio orationes et epistolæ. Dédiées à Jacques de Seneterre, abbé de Chaise-Dieu, son oncle. — xvi° s. Pap., in-fol. Peintures médiocres.

Châlons-sur-Marne.

16919. « Tractatus de justitia et jure... Cathalauni, in maj. sem., anno D. 1790. » — Pap., in-12.

Chalon-sur-Saône.

805. « Mare magnum compositum à R. P. Joanne Maria de Polutiis... » Recueil de bulles en faveur de l'ordre des Carmes. « Ex bibliotheca Carmelitarum Cabilonensium. » — XVIe s. Parch., in-fol.

Champagne. — 26413. Affranchissement des habitants de Merfrud, par frère Gabriel d'Anglure, chambrier de Montier-en-Der, seigneur dudit lieu. (2 juin 1539.) — Parch. Rouleau.

26434. Affranchissement des habitants de Vaux-sur-Blaize, par le même. (19 juin 1539.) — Parch. Rouleau.

26409. Affranchissement des habitants de Vaux, Doulevant-le-Petit, Ragecourt et Villemblezois, par le même. (17 juillet 1541.) — Parch. Rouleau.

Charollais. — 4494. « Inventaire des papiers et titres du comté de Charollois, qui sont tant en la Chambre des Comptes de Dijon qu'en celle de Dôle, et du Château de Charrolles, fait en 1718. » — Pap., 466 pages, in-fol.

Chartres. — 4410. « Compotus redditus per Guidonem Succorum(?), presbiterum et fratrem Domus Elemosine Beate Marie Carnotensis, de receptis et misiis reddituum dicte domus... » (1333-1334.) — Parch. Rouleau de 6 mètres environ.

25104. Quelques chartes du XIIIe s. dans ce recueil intéressent le pays chartrain.

Chartreuse (Grande), diocèse de Grenoble.

14036. « Sententiæ ex epistola beati Pauli apostoli ad Romanos a beato et glorioso Cypriano episcopo expositæ atque ex opusculis ejus in ordinem digestæ. — Ex dictis patrum diversis catholicorum Hæc Lugdunensis Florus collegit in unum. » — XIIe s. Parch., gr. in-fol.

Châteaudun. Voy. Dunois.

Châteauroux. — 7117. Inventaire des titres du duché de Châteauroux. — XVIIIe s. Pap., 2 vol. in-fol.

Chaumont-sur-Loire. — 3542 (43). « Comptes de la châtellenie de Chaumont-sur-Loyre, » 1567.

Chaylard (Lozère). — 11918. « Recognoissances du Chaylar. » Terrier de 1514. — Pap., gros in-fol.

Cîteaux. — 19860. Bulle du pape Innocent IV à l'abbé de Cîteaux. « Solet annuere sedes... Lugduni, x kal. junii, a. 3. »

Clermont (Saint-Allyre de). — 13842. Lectionarium. — xııe s. Parch., in-fol.

Compiègne. — 1348. « Compte de la chastellenie de Compiengne... » (1537.) — Pap., 596 fol., in-fol.

Condé. — 18812. « Projet pour surprendre la ville de Condé. » (21 nov. 1711.) — Pap., 48 pages, in-4°.

Corbeil. — 9413. « Registre des lettres, chartes, pancartes, sentences, reglemens concernant la justice de la ville, prevosté et chastelnye de Corbeil, compillé, extraict et transcriptdes tiltres originaulx, par mᵉ Jehan de la Barre, prevost de Corbeil, en l'année 1608 et années subséquentes de sa prevosté. » (Jusqu'en 1624.) — xvııᵉ s. Pap., 813 pages, in-fol.

10243. « Bibliandrothèque de Corbeil, » par l'abbé Guiot. — xvıııᵉ s. Pap., in-4°.

Craon. — 296. « Aveu... des fiefs et seigneuries, cens et autres droicts de l'église collégiale de la ville de Craon fait par les vénérables chanoines et chapitre, le 22 mai 1539. » — Pap., 50 fol., in-8°.

Coutances. — 9411. Cartulaire de l'Hôtel-Dieu de Coutances. (32 chartes.) — xvᵉ s. Parch., 27 fol., in-4°.

Dauphiné. — 867. « Liber libertatum pro patria Delphinatus. » — xıvᵉ s. Parch., in-fol.

Dijon. — 7112-7113. « Registre secret du Parlement de Dijon. » (1654-1679.) — xvıııᵉ s. Pap., 12 vol. gr. in-fol. (Aux armes de G. Rolland, 1761, et de G. Bernard de Rieux.)

7114. Table des édits enregistrés au Parlement de Dijon, depuis son origine jusqu'en 1680. — xvıııᵉ s. Pap., gr. in-fol. (Même provenance.)

Domfront. — 7264. Adjudication des terres de la forêt d'Andaine, en la vicomté de Domfront. (1490.) — Parch., 45 fol., in-fol.

Douai. — 16895. Vitæ SS. Amati et Mauronti. — xııᵉ et xıııᵉ s. Parch., fol. 9-148 (avec nombreuses lacunes). 298 × 180ᵐᵐ.

8519. « Pour la Court. Compte Arnoul de Goy, conseillier de mons' le duc de Bourgoingne... et son bailli à Douay, de tout ce qu'il a eu et reçeu des exploits de la dicte baillie... » (Sept. 1438-1450.) — xv° s. Parch., 55 fol., in-fol.

Dunkerque. — 16241. « Discours sur l'artillerie et le jet des bombes, fait en l'année 1694, par le s' S. R. » Contient une « Description historique de la ville de Dunkerke. » — xvii° s. Pap., 340 pages, in-8°.

Dunois. — 25033. « Compte du don gratuit accordé au Roy en 1641 pour l'archidiaconé de Dunoys, diocèse de Chartres. » (Parch., 6 fol.) — 11034 (?) « Compte... des revenues... des seigneuries de Vouvent et Marvenent, pour le comte de Dunois et de Longueville, grant chambellan de France... » (1464-1467.) — Parch., 11 fol., in-fol.

Écouis (Eure). — 7409. « Inventaire pour M¹ˢ les doyen et chanoines d'Écouis. Année 1766. » — Pap., 2 vol. in-fol. de 1,087 pages, plus la table.

Épernay. — 23445. Charte de Jean, abbé de Saint-Martin d'Épernay (1235), dans ce recueil.

Ernecourt (Meuse). — 10600. « Compte... de Charles de Landriau, escuyer..., curateur aux enfans mineurs... de feu honoré seigneur Gilles d'Ernecourt... » (1626-1633.) — xvii° s. Pap., 363 pages, petit in-fol.

Éterpigny (Somme). — 2972. Cartulaire de la commanderie d'Éterpigny. « En l'an de grace mil CC quatrevins et V fu fais chius escris selonc toutes les letres apartenans à le baillie d'Estrepigni, au tans frere Jehan d'Aubemarle, warde adonc de ledite baillie. — Iste liber factus est de manu Johannis dicti Scriptoris, clerici, curie Noviomensis notarii, in anno supradicto. » — Parch., xviii et 137 fol., in-4°.

Étiolles. — 8943. « Terrier de la seigneurie d'Étiolles, » près Corbeil. (1700.) — Pap., 225 pages, in-fol.

Falaise. Voy. Bazoches.

Faremoutiers, diocèse de Meaux. — 9535. Cartulaire de

l'abbaye de Faremoutiers. (1130-1239.) — xiiie s. Parch., 122 fol., petit in-4°.

Fécamp. — 21189. Cartulaire de l'abbaye de la Trinité de Fécamp. (160 actes. Copie du xvie s.) — Pap., 430 pages, gr. in-fol.

18105. Journal du grenier à sel de Fécamp. (1412.) — Pap., 21 fol., in-4°.

16539. Charte de Charles V pour Fécamp, 16 juillet 1380.

Fieffes (Somme). — 4372. Cartulaire de la baillie de Fieffes. « Ci après s'ensuit la copie des chartres et lettres de la baillie de Fieffes, tant en latin comme en françois... (1409), lesquelles a fait extraire frere Jehan de Fontaines... et a baillé le coppie à mons. le prieur frere Regnault de Giresme, pour lors prieur de France. » — xve s. Parch., 38 fol., in-fol.

Flandres. — 10863. « Recueil des antiquités de Flandres. » (En 144 chapitres.) — xve s. Pap., 324 fol., petit in-fol.

Flavigny. — 13838 (et 12206). « Inventaire des titres, registres, papiers, meubles et effets appartenans à la commune de Flavigny. » (15 floréal an XII.) — Pap., 21 fol., petit in-fol.

Foigny (Abbaye de), diocèse de Laon. — 25098 et 25674. Deux bulles des papes Innocent IV et Clément IV relatives à cette abbaye.

Fontainebleau. — 2998. Comptes des sommes payées aux peintres qui ont besogné « ès ouvraiges de stucq faictz » en la grande galerie du château de Fontainebleau et en la chambre de la reine. (Août 1535-novembre 1536.) — Parch., 4 fol., petit in-fol.

Fontevraud (Abbaye de). — 67. Cartulaire de l'abbaye de Fontevraud (pages 257-530). — xiiie-xive s. Parch., 137 fol., in-fol.

2861. « Censes, rentes et aultres devoirs appartenans aux houstelz de la Pignonnière et de Haultenville, menbres deppandans... de Fontebraud. » (1464.) — Parch., 62 fol., gr. in-4°.

Forges (Seine-et-Oise). — 25008. « Inventaire des titres de la baronnie de Forges, St-Martin du Tertre y réunie et des fiefs y annexés. » (1788.) — Pap., 741 pages, in-fol.

Gastines (Anjou). — 233. « Ce sont les cens, services, rentes et devoirs deux, chacun an à noble homme Jehan de Chelveris, seigneur de Gastines... » (1396-1407.) — Parch., 105 fol., petit in-fol.

Genève. — 224. « Computus venerabilium virorum dominorum Roberti de Sancto Jorio et Jacobi Renguisii, canonicorum et celerariorum ecclesie Gebennensis, nechon domini Petri Jordaneti, capellani, procuratoris venerabilis capituli Gebennensis. » (1er mai 1438-30 avril 1439.) — Parch., 80 fol., petit in-fol.

Gex (Pays de). — 3542 (168, 185, 203). Lettres et mémoires relatifs au pays de Gex. — XVIIIe s. Pap., 108, 272 et 25 pages, petit in-fol.

Gif (Abbaye de), diocèse de Paris. — 24462. « Registre contenant les examens des novices pour la profession » de l'abbaye de N.-D. de Gif. (1655-1722.) — Pap., 54 pages, in-fol.

La Flèche. — 8680. « Remembrances de l'Assise de la Fleiche, tenue par Olivier Tillon le jeanne... » (1395-1397.) — Parch., fol. 156-245. 340 × 275mm.

La Guiche (Minimes de), diocèse de Chalon-sur-Saône.
131. Chroniques de Froissart. — XIVe-XVe s. Parch., in-fol.

La Meilleraye (Poitou). — 7180. « Inventaire... des titres... concernant le duché de la Meilleraye..., à present dans le thrésor du chasteau. » (1674.) — Pap., 470 pages, petit in-fol.

Langres. — 2983. Répertoire du cartulaire du chapitre de Langres. — XIIIe s. Parch., 113 fol. 330 × 235mm.
13196-13198, 2900-2901. Comptes du chapitre de Langres. (1280, 1282, 1284, 1285, 1287 et 1326.) — Parch., in-fol.
2996. Revenus de l'évêché de Langres. (1378.) — Parch., in-fol.

Laon. — 1322. Cartulaire de l'évêché de Laon. (Chartes n°s 125-144.) — XIIIe et XIVe siècles. Parch., 14 fol. 250 × 178mm.
77. Cartulaire de la cathédrale de Laon. — XIIIe-XIVe s. (et additions jusqu'au XVIIIe s.). Parch., 182 fol., petit in-fol.
1335. Cartulaire de l'abbaye de Saint-Jean de Laon. (95 chartes; 1174-1265.) — XIIIe s. Parch., 124 pages. 180 × 130mm.
68. Cartulaire de Saint-Vincent de Laon. — XIVe-XVe s. Parch. Fol. LXXXX-CCCLXXXX, gr. in-4°.

18676, 19860, 19977, 21382, 22309, 23112-23114, 25674. Chartes diverses de Laon. 50 environ. (XIIᵉ-XIVᵉ s.)

21373. « Pro Capitulo. Le compte Jehan le Seneschal, chanoine de Laon, sur l'office des grosses amendes de ladicte église depuis le jour saint Barnabé l'an [MCCC]LXVIII, dedint les drois dés prevoz. » — Parch. Rouleau.

815. « De sacro Jesu-Christi triumpho habito Landuni adversus dæmonem muliercula corpus agitantem compendiosa historia, ecclesiastici collegii nomine et pii omnium conventus eflagitatione conscripta, auctore Chr. Hericurtio, Laudunensis ecclesiæ decano. » (1569.) — Parch., in-fol.

Le Mans. — 4367. « Fondations faittes dans l'église du Mans par reverend Père en Dieu Philippe de Luxembourg, cardinal, evesque du Mans. » (1507-1513.) — XVIᵉ s. Parch., 20 fol., in-fol.

3709. « Cenomania, de episcopis Cenomanensibus, item de comitibus Cenomanicæ regionis, » par Dom Denis Briant († 1746). — XVIIIᵉ s. Pap., 424 pages, petit in-fol.

1206. Diogène Laerce, traduction d'Ambroise Traversari. — Sur le feuillet de garde, à la fin, on lit : « Nicolaus Daverton Cenomanus hunc a magnificentissimo viro avunculo suo dono accepit. N. Daverton, anno 1531ᵉ. » — XVᵉ s. Parch., in-fol.

Liessies. — 8839. Cartulaire de l'abbaye de Liessies, diocèse de Cambrai. (272 chartes.) — XIIIᵉ s. Parch., petit in-fol.

Lille. — 8520. « Pour la Court. XVᵉ compte de Jehan de la Haye, receveur de la chastellenie de Lille, pour ung an fini le derrenier jour de septembre 1476 includ. » — Parch., 45 fol. 355 × 260ᵐᵐ.

11734. « Extraict du Registre aulx repertoires des chartres jadis reposantes au chasteau de Lille, et adpresent en la... tour de la Chambre des comptes audict Lille. » — XVIᵉ s. Pap., 200 fol., petit in-fol.

3533. « Renouvellement de la loy de la ville de Lille, » et autres pièces sur l'histoire municipale de Lille; liste des commissaires, echevins, conseillers. (1592-1632.) — XVIIᵉ s. Pap., petit in-4º.

3540. Notice historique sur la ville de Lille. (XIᵉ-XVIᵉ s.) — XVIIIᵉ s. Pap., 160 pages, gr. in-4º.

21010 (anc. 8638). « Tournois de Lille. » (Vœux du faisan, 17 févr. 1453/4.) — XVᵉ s. Parch., in-fol.

Limoges. — 7294. Calendrier à l'usage de Saint-Martial de Limoges, avec quelques notes d'obits. — xiii⁰ s. 40 fol., in-fol.

7442. Recueil de lettres de Séguier, Colbert, Le Tellier, Seignelay, etc., à d'Aguesseau, intendant de Limoges. (1666-1689.) — Pap., 26 forts vol. in-fol.

3005. Plauti comœdiæ. « Collegii Lemovicensis Societatis Jesu. » — xv⁰ s. Parch., in-fol.

Longpont. — 9331. Cartulaire du prieuré de Longpont (diocèse de Paris). — xiii⁰ s. Parch., 39 fol. 222 × 148ᵐᵐ.

Longpont (Abbaye de), diocèse de Soissons.

4221. Hildeberti Cenomannensis versus de mysterio missæ. Au verso de l'avant-dernier feuillet : « Liber Beate Marie Longipontis. » — xiii⁰ s. Parch., 14 fol., in-8⁰.

Lorraine. — 9005. Protocole de la chancellerie de Lorraine. — xviii⁰ s. Pap., gr. in-4⁰.

1297. « Épitome des gestes des ducs... de Lorraine..., ensembles aucuns ducs de Mosellane, Ardenne, etc., le tout receuilly... par R. Dehaut, de Nancy. » — xviii⁰ s. Pap., in-fol.

Lyre (Abbaye de), diocèse d'Évreux.

2837. Genesis, cum glossa ordinaria.

2842 (2 vol.). Mattheus et Lucas, cum glossa ordinaria. — « Ex libris monasterii B. Mariæ de Lyra, ordinis S. Benedicti. » — xii⁰-xiii⁰ s. Parch., in-fol.

Maillezais. — 3871. Charte de Guy-Geoffroy (Guillaume VI), comte de Poitiers et duc d'Aquitaine, en faveur de l'abbaye de Maillezais. (1070.) — Non vue.

Mauriac. — 3542 (*). Antiquités de Mauriac. — xviii⁰ s. Pap., in-4⁰.

Mayenne. — 3746. « Recepte de la barronnie de Maienne..., faite à Mgr. le duc de Guise..., par M⁰ Bernard Chaucheys, recepveur. » (1531.) — Pap., xiˣˣ xiv fol., petit in-4⁰.

Meaux (Abbaye de Saint-Faron de).

2839. Missel à l'usage de Paris. En tête du fol. 1 : « Monasterii S. Faronis, Cong. S. Mauri. » — xv⁰ s. Parch., 6 et cccι fol. à 2 col., petit in-fol.

Melin (Côte-d'Or). — 23800. « Plaix de Quinzaine à Mellin. »
— XVI⁰ s. Pap., 227 pages, in-4°.

Mende.

9652. Bernard Gui, Fleurs des Chroniques. — Au fol. 1 : « Ex bibliotheca illustrissimi domini Hyacinti Serroni, episcopi Mimatensis. » —
XIV⁰ s. Parch., 2 vol. in-4°.

Metz. — 1320. Fol. 1-27. « Ci sont escrites les censes c' om doit
as dames de Fristorf, ... renovelées et escrites l'an M. CCC. et
XXXVIII. » — Fol. 1. « Ce sont li tanscrit des escris des arches des
amans de Mes et des divises des censes c' om doit as dames de Fristorf dedans Mes, ... li quellz transcris furent renovelei entre Pasque
et la Penthecoste, kant li mill. corroit par M. et CCC. et XVI ans... »
(Avec additions jusqu'en 1397.) — Parch., 137 fol., petit in-fol.

10456 (et 13649). Cartulaire de Saint-Symphorien de Metz. —
XIII⁰-XIV⁰ s. Parch., 164 pages. 250 × 210ᵐᵐ.

4370. « Ceu sont li heritaiges de Florey, qui sont des quartiers
Ste Glossenne, qui furent escris par lou grei des tenens. » (1er et
2e cahiers.) — XIII⁰ s. Parch., 15 fol. 290 × 455ᵐᵐ.

2246 (et 13630). Cartulaire de Sainte-Glossinde de Metz. — XV⁰ s.
Pap., 2 gros vol. in-4° de 525 et 432 fol., plus les tables.

76. Cartulaire de Sainte-Marie de Metz. (90 chartes, en français.
1348-1355.) — XIV⁰ s. Parch., fol. [XCVII]-CXLII, in-4°.

4368-4369. « Ce sont les censes que on doit à l'Ospitaul Saint
Jehan, la moitiei à Noel et l'autre à la S. Jehan, à paier dedans Mes. »
— XIII⁰ s. Parch., 5 fol. (288 × 188ᵐᵐ) et 8 fol. (230 × 170ᵐᵐ).

24373. « Ce sont les cens c' on doit à lai frarie S. Jehans Ewan-
geliste ai S. Martin en Curtis..., renouvellels par signour Jehan
Andreus, maistre de la ditte frarie, l'an M CCC IIIIˣˣ II ans. » (Rouleau. Parchemin.) — « C'est ceu que li eschaving de l'eglixe de S. Supplixe ont delivreu à mesire Hanrit de S. Supplixe par [M CCC] IIIIˣˣ
et III, lou XIIIᵉ jour de may. » (Rouleau Parchemin.)

9469. Formulaire de l'officialité de Metz. — XVI⁰ s. Pap., 90 fol.
152 × 210ᵇᵐᵐ.

10649. « Declaration du revenu d'aucunes eglises » dans les trois
Évéchés. — XVI⁰ s. Pap., 35 fol., petit in-fol.

15365, 15366, 16135-16156, 16500, 16776, 17776, 17808, 18004,
18367-18375, 18659, 18700, 18750-18754, 18783-18787, 18990,

19107, 19778, 21566, 21911, 22088, 22104, 22337, 23845, 23954, 24878, 24453, 24560, 25654, 25674, 25730, 25747, 26140, 26446, 26433. Chartes diverses de Metz, la plupart en français. — (xii°-xvi° s.) Environ 1,700 pièces.

10621. « Compte ... de Jean Samson, practicien du palais de Metz, » de toutes les rentes qu'il touche à Metz et au pays Messin pour dame Nicole de Vienne, veuve de messire Jacques de Jaucourt. (1619-1620.) — Pap., 244 pages, petit in-fol.

Mirepoix. — 1418. Pontifical de Mirepoix, enluminé aux armes et avec l'ex-libris de « Philippus de Levi, episcopus Mirapissensis, Dei gratia, 1537. » — xvi° s. Parch., 146 fol. Peint., grand in-fol.

Mont-Dieu (Chartreuse de), diocèse de Reims. — 12221 (et 20681). « Instrumenta professionum religiosorum hujus Cartusiæ Montis-Dei. » (xv° s. — 1787.) — Parch., 187 fol. 145 × 225ᵐᵐ.

Mont-Saint-Éloi (Abbaye du), diocèse d'Arras. — 17776. Chartes du xiii° s. dans ce recueil.

Mont-Saint-Michel (Abbaye du). — 12204. Histoire de l'abbaye du Mont-Saint-Michel. (1758.) — Pap., in-fol.

Montier-en-Der (Abbaye de). — Voy. Champagne.

Montjean-Chastel (Maine-et-Loire). — 3696 et 21657. « Cinquième aveu de Putille, rendu à la baronnie de Montejean par Jacques Chenu, du 26 janvier 1489. » — xv° s. Parch., 35 fol., petit in-4°.

Moret (Seine-et-Marne). — 2988. « Martirologe ou état des fondations, rentes et appartenants à l'œuvre et fabrique de Notre-Dame de Moret. 1758. » — Pap., 370 pages (plus la table), petit in-fol.

Moulins. — 2980. « Interrogatoire de Jean Michel, [menuisier à Moulins], magicien, condamné d'estre bruslé vif en 1623. » (Copie du temps.) — Pap., petit in-follo.

4392. Opuscules théologiques : « Tous orgueilleux se veulent à Dieu comparer... » — En haut du fol. 1 : « Ad usum Capucinorum conventus Molinensis. » — xv° s. Parch., in-4°.

Nancy. — 11328. « Compte du dépôt de mendicité de Nancy. » (An II.) — Pap., 43 pages, in-fol.

3660. Vies des Saints, en français. — A la fin : « Galterus de Virduno

me scripsit. » En tête, l'ex-libris : « Collegii Nanceiani Societ. Jesu...
1735. » — xiv° s. Parch., in-fol.

Narbonne.

9652. Bernard Gui, Fleurs des Chroniques. — Au fol. 1, l'ex-libris
de « Mgr de Beauvau, archevêque de Narbonne. » — xiv° s. Parch.,
2 vol. in-4°.

Nevers. — 25290. Charte de l'officialité de Nevers, nov. 1249.

Nimes.

4392. Opuscules théologiques : « Tous orgueilleux se veulent à Dieu
comparer... » — A la fin, on lit : « Iste liber est mei Mathei Gervasii,
licenciati in u. et bacc. in Decretis, quem scribi fecit Nemausi, anno
Domini m° iiij° lxxx, et die sexta octobris... Gervasii. » — xv° s.
Parch., in-4°.

Nogent-le-Rotrou. — 9025. « Recepte faitte par Etienne
Bisuel, comis à ce de par très haute et puissante dame Madame Jehanne
de Bretaigne, dame de Cassel, de tous les cens, rentes, fermes et
aultres revenues apparten. aus villes et chastellenies de Nogent-le-
Rotrou, de Rivere, de Montlandon, de la terre de Montigny... [depuis
la] Nativité saint Jehan Baptiste l'an mil CCC quarante et neuf jusques
à la Nativité saint Jehan en suivant. » — xiv° s. Parch., xlviii fol.
275 × 200mm.

Noirmoutiers. — 7406. Cartulaire de l'abbaye de N.-D. de la
Blanche de l'île de Noirmoutiers. 1632. — xvii° s. Parch., 1123 pages.
355 × 205mm.

Normandie. — 8171. Dudonis S. Quintini de moribus et actis
primorum Normanniæ ducum libri I-III. (Incomplet de la fin.) —
xii° s. Parch., 37 fol. 255 × 180mm.

3777. Chronique de Normandie. « Par la division que li ancien sage
firent de toutes les terres... » — xiv° s. Parch., petit in-4°.

9034. Chronique de Normandie. (270 chapitres.) — xv° s. Pap.,
in-fol.

25028. Chronique de Normandie. « Combien que les croniques
racontent que Rou... » — xv° s. Parch., petit in-fol.

8670. Recueil de quittances sur parchemin, concernant surtout la
Normandie et provenant de la Chambre des comptes. (1325-1399.)
— Volume in-fol.

8906, 17844, 19407, 24716. Chartes diverses concernant la Normandie. 100 environ. (xiv⁰-xvi⁰ siècles.)

9223. « Jura et consuetudines quibus regitur ducatus Normannie. Cûm nostra sit intencio... » (129 chapitres.) — xv⁰-xvi⁰ s. Parch. 178 × 125ᵐᵐ.

254. « Coustumes de Normandie. Pour ce que nostre intencion... » — xv⁰ s. Parch. Peintures. 170 × 122ᵐᵐ.

22403. Coutume de Normandie. « Pour ce que nostre intencion... » (vixx iiii chapitres.) Suit « la Chartres aux Normans. » — xv⁰ s. Parch. 132 × 95ᵐᵐ.

9058. « Prérogatives et dignité du clergé, de la noblesse et de la magistrature. Mémoire des deputés du clergé et de la noblesse de la province de Normandie, en forme d'observations sur la réponse des officiers du bailliage de Rouen et des autres juridictions. » — Signé à la fin : « L'abbé Lallemant, député, au nom du clergé et de la noblesse. » — xviii⁰ s. Pap., 188 pages, gr. in-4⁰.

2205. « Neustria subterranea, ou histoire nécrologique de la province de Normandie, » par l'abbé Guiot. — xviii⁰ s. Pap., 400 pages, gr. in-fol.

24302. « Journal du voyage que messieurs Sébastien Vaillant et Antoine Tristan Danty d'Isnard ont fait ensemble sur les costes de Normandie et de Bretagne, pour la recherche des animaux, des végétaux et des minéraux, par l'ordre de monsieur Fagon, conseiller du Roy en ses conseils d'État et privé, premier médecin de Sa Majesté Louis XIV, surintendant du Jardin royal des Plantes à Paris et des bains et fontaines minérales de tout le royaume, à commencer depuis le samedy dix-septième jour du mois de septembre l'an mil sept cent sept, jusqu'au mardy dix huitieme jour du mois d'octobre de la même année. » — xviii⁰ s. Pap., 166 pages, in-4⁰.

Noyon. — 3340. Sacramentaire de Noyon. — xi⁰ s. Parch., 442 pages (incomplet de la fin). 305 × 158ᵐᵐ.

17838. Fragments de Cartulaires du chapitre de Noyon; feuillets iii⁰ lviii-iii⁰ lxiii (ou iii⁰ iiiixx iii-iii⁰ iiiixx viii), 224 × 154ᵐᵐ, et fol. xv-xx, 218 × 150ᵐᵐ. — xiv⁰ s. Parch.

22882. Fragments d'un autre Cartulaire du chapitre de Noyon. (Cahier coté iii.) — xiv⁰ s. Parch., 8 fol. à 2 col. 337 × 232ᵐᵐ.

22809, 23113, 25098. Chartes de Noyon (xii⁰ et xiii⁰ siècles) dans ces deux recueils.

Notre-Dame de Noyon.

3339. Justiniani institutiones. — « Pertinet ecclesie Noviomensi. » — XIV⁰ s. Parch., in-fol.

3355. S. Gregorii Magni Dialogi. — « Liber Sancte Marie Noviomensis. » — XII⁰ s. Parch., in-fol.

Orange. — 3542 (47, 53, 60 et 66). Droits du roi sur les principautés d'Orange et de Neufchâtel. — XVIII⁰ s. Pap., 4 vol. in-4⁰.

Orléans. — 23113. Charles d'Orléans (XIII⁰ s.) dans ce recueil.

2981. Censier de la commanderie de Saint-Marc d'Orléans (Hospitaliers). 1458. — Parch., 69 fol., petit in-fol.

9473. « Minutissima descrittione geografica, istorica e politica fatta all' Accademia de' nobili Veneti sopra il governo d'Orleans nella Francia, con le vite di diversi re, duchi, principi, gran ministri e personaggi... » — XVIII⁰ s. Pap., 733 fol., gr. in-4⁰.

Ourscamps (Abbaye d'). — 16868. Cartulaire de l'abbaye d'Ourscamps, diocèse de Noyon (partie concernant Lassigny). — XII⁰ s. Parch., fol. I-XXIX. 260 × 170ᵐᵐ.

PARIS.

Églises. — 2000. Censier de la fabrique de l'église Notre-Dame de Paris. (1555-1585.) — Copies d'actes des évêques de Paris et d'actes royaux intéressant le corps des marguilliers. (XIII⁰-XVI⁰ s.) — « Reliquaires, joyaulx et aultres vaisseaux sacrez de l'église de Paris venduz par messieurs de ladite eglise pour subvenir aux affaires du Roy pour le payement de sa gendarmerie levée contre les Huguenotz...., en l'an 1562. » — Parch., 25 et 95 fol., petit in-fol.

25178 (anc. 3773). « Collectarium Parisiense ad usum ecclesiæ S. Eustachii. Parisiis, 1687. » — Parch., 300 et XLII pages, petit in-fol.

201. « Lectionarium ad usum ecclesiæ regalis et parrochialis Sancti Germani, Autissiodorensis episcopi. M DCC LX. — Opera Joannis Lamare. » — Parch., in-fol.

11001. Fondation de la confrérie de Saint-Joseph en l'église des Feuillants du faubourg Saint-Honoré (16 oct. 1628), avec les règlements de ladite confrérie. — Parch., petit in-fol.

7413. « Registre des vestures, noviciats et professions des religieuses de chœur et sœurs converses... de Saint-Antoine-des-Champs lez Paris, ordre de Cisteaux. » (1702-1789.) — Pap., 47 fol., in-fol.

18057. « Copy of the diary of a convent of English nuns of the Immaculate Conception, from its establishment in the faubourg St Antoine, Paris, 1658, to the year 1744, with a list of all the professors nuns, scholars and pensioners, and of the benefactors of the convent. » — XIXᵉ s. Pap., in-8º.

17809. Robert Gaguin, ministre des Trinitaires, accorde une chapelle plus grande à la confrérie de Sainte-Barbe. (Paris, 9 sept. 1481.) — Pièce sur parch. dans ce recueil.

Université. — 876. Statuta universitatis Parisiensis. — Fin XIIIᵉ s.-comm. XIVᵉ s. Parch., 72 fol. 320 × 158ᵐⁱⁿ.

2863. « Statuta concernentia principaliter scolares Parisius audientes in Jure canonico. » (LVIII fol.) — Priviléges et statuts de l'Université de Paris. (77 fol.) — XVᵉ s. Parch. 225 × 150ᵐⁱⁿ.

2975. Recueil de chartes relatives au fief des Roziers et aux biens du collège de Beauvais. (XIIIᵉ-XVIᵉ siècles.) — Environ 50 pièces, en deux cartons; entre autres :

1265, juillet. — Amauri de la Roche, commandeur de la maison du Temple, vend pour 200 l. à Jean « de Benis, » prêtre, la moitié du fief des Roziers, mouvant de Jean « de Licils, » chevalier.

1265, novembre. — Vente du fief des Roziers à Robert de Sorbon, par Jean « de Licils, » pour 300 l.

1265, novembre. — Amortissement par Ansel de Rochefort et Alips, sa femme, et cession de leurs droits seigneuriaux sur le fief qui appartenait à Robert de Sorbon (sans doute le fief des Roziers).

1265/6, mars. — Jean « de Licils » reconnaît avoir reçu 300 l. de Robert de Sorbon.

1265 (lundi après Reminiscere). — Ratification devant l'official de Paris par Roger « de Villa Aurayo », écuyer, et « Anelina », sa femme, sœur de Jean « de Licils, » de la vente faite par ledit Jean.

1271, octobre. — Ratification par Ansel de Rochefort de la vente faite à Robert de Sorbon par Jean « de Licils » de la moitié du fief de Roziers et de l'arrière-fief sur l'autre moitié.

1284, mai. — Lettres d'amortissement par Ranulf d'Homblonière, évêque de Paris, en faveur des maîtres de Sorbonne, des deux tiers du fief des Roziers.

1284, novembre. — Enregistrement, en la cour de l'officialité de Paris, de l'amortissement fait par l'évêque de Paris. Cet acte renferme aussi la bulle du pape Clément IV : « Suadente vobis gratia bonitatis... Viterbii, x kal. apr. anno iv, » et la mention de l'élection du proviseur Guillaume de Montmorency.

294. « Réglemens pour le collége de la Marche. 1423. » (Copie.) — xviii° s. Pap., petit in-fol.

3004. « Inventaire de plusieurs affaires » du collége de Champagne, ou de Navarre. Baux, legs, etc. (1551-1556.) — Parch., 77 fol., petit in-fol.

17850. Recueil de documents, procurations, correspondance, inventaires, mémoires concernant le collége des Écossais à l'époque de la Révolution. — Pap., gros vol., petit in-fol.

2970. « Fondations faites au collége du Plessis-Sorbonne, par MM. Berthe, Collot et Gobinet, demoiselle Corneille, M. Guignon et demoiselle Nasse. » — xviii° s. Pap., gr. in-4°.

2993. Comptes de l'Université de Paris. (1788; 20 sept. 1791-23 juin 1792.) — Pap., in-fol.

2852. « Du rétablissement des études et de la réformation des Universitez. Toutes les choses du monde... » — xviii° s. Pap., 114 fol., in-8°.

Varia. — 13786. « Recueil des principaux seigneurs qui passèrent la mer avec Guillaume, conquereur d'Angleterre... » Dédicace au Roy signée : « A S¹ Germain-des-Prez, lez Paris, ce premier jour de janvier 1568... J. Bénard. » — Pap., xxxi fol. et 440 pages, in-fol.

17496. « Département de Paris. Relevé alphabétique des bibliothèques des religieux et religieuses, fait sur les inventaires des municipalités. » — Pap., 12 fol., gr. in-4°.

6977. « Manuscrits de l'Institution de l'Oratoire. » (2 fol., in-fol.) — « Noms de baptême et de famille des PP. de l'Oratoire dont les vies sont contenues dans les manuscrits que l'on fait lire à l'Institution. » (16 fol., in-8°.) — « Poètes latins modernes apportés de Rome et qui se trouvent à Sainte-Geneviéve. » (20 fol., in-8°.) — « Sur le projet de réunir à Paris dans un seul dépôt les cartulaires des principales églises et abbayes de la République. » (2 fol.) — xviii° s. Pap.

10977. « Scriptores congregationis Oratorii domini Jesu recensiti ac notis historicis illustrati, » par le P. Desmolets. — xviii° s. Pap., 28 pages, in-4°.

10946. « Bibliothèque Sainte-Geneviève. » (Note d'une page, in-4°.) — « Livres incomplets de la bibliothèque Sainte-Geneviève, en 1764. » — « Nouveau projet d'un catalogue de bibliothèque, » par le P. Le Courayer (impr. 1712). — Notes sur quelques mss. de l'abbaye de Saint-Victor, etc. — xviie s. Pap., 218 pages, in-4°.

24430. Épitaphes des églises de Paris. — xviie s. Pap., 3 vol. in-fol.

24360. « Tombeaux des personnes illustres... inhumées dans les églises de Paris. » — xviie-xviiie s. Pap., 3 vol. in-fol.

2987. Tombes et sépultures des églises de Paris. — xviiie s. Pap., 230 fol., petit in-fol.

8943. « Recherches et extraits d'actes sur des familles de Paris. » [Parlement et Chambre des comptes.] — xviiie s. Pap., 700 pages, petit in-fol.

3542 (60 et 62). Gages des officiers du Châtelet de Paris, en 1696 et 1702. — xviiie s. Pap., 2 vol. petit in-fol.

4574. Recueil de pièces historiques (copies), du xviie siècle : Éloges de de Thou, de Séguier ; Privilèges des notaires de la Cour ; Testaments de Ramus, de Jean Mauroy, « contenant la fondation d'un Collège pour les pauvres enfans orphelins... à l'instar de la Trinité de Paris ; contrat de mariage de M. et Mme de Nemours, etc. » — Pap., 237 fol., in-fol.

4304. Recueil de pièces de vers, du xviie s. ; entre autres : « L'Académie des Beaux-Esprits pour la réformation de la langue française, érigée à Paris, l'an... Comédie. » — Le Pas de clerc du clergé sur le différend de messieurs de Rouen et de Coustances. — Gazette de Paris. 1647. — « La pompe funèbre [de Voiture, 1648], à M. Ménage. » Etc. — Pap., petit in-4° (manque le fol. 1).

10588. Plan du Palais-Royal et du jardin. — xviiie s. Pap., 2^m × 1^m 50 environ.

3000. « Information faicte... à la requeste des maistres jurez de la marchandise et mestier de chausselterie à Paris, » relativement à leurs statuts. (1520.) — xvie s. Parch., 25 fol., petit in-fol.

Célestins. — 7384. Vitæ Sanctorum. — A la fin : « Iste liber est Celestinorum Beate Marie de Parisius, quem scripsit frater Odo Tiberti, religiosus professus ejusdem monasterii. » — xve s. Parch., viii^xx vi fol., petit in-8°.

Chartreux. — 2866. « Lotharii [Innocentii III] de vilitate conditionis humane. » — Au bas du fol. 1, en rouge : « Iste liber pertinet Cartus. prope Parisius. » — xive s. Parch., petit in-8°.

Feuillants. — 4265. Exodus, cum glossa ordinaria. — A la fin, de première main : « *Pater noster* pro anima Clementis peccatoris. » Au bas du fol. 1 : « Ex bibliotheca Fuliensium Parisiensium. » — xii*-xiii* s. Parch., in-fol.

Jésuites de Clermont (Collège des). — 199. Légende dorée, traduction de Jean de Vignay. — xv* s. Parch., in-4°.

[1388-2010. Mss. du Collège de Clermont acquis, en août 1887, pour la bibliothèque royale de Berlin.]

2355. Symeonis Sethi de alimentorum facultate. — xvi* s. Pap., in-4°.

2381. Christophori Conteleontis de immortalitate animæ. — xvi* s. Pap., in-8*.

3079. SS. Joannis Chrysostomi et Gregorii Nysseni opuscula. — xvi* s. Pap., in-fol.

3080. Expositio alphabetica sacræ Scripturæ. — 1642. Pap., in-fol.

3081. S. Justini opuscula. — xvi* s. Pap., in-fol.

3082. Cæsarii et Theodoreti opuscula. — xvi* s. Pap., in-fol.

3083. Theodori Studitæ adversus Iconomachos. — xvi* s. Pap., in-fol.

3084. Dioscorides. — xvi* s. Pap., in-fol.

3085. Aristotelis moralia et œconomica, etc. — xvi* s. Pap., in-4*.

3086. Oppiani halieutica, etc. — xvi* s. Pap., in-8*.

3086 (3336). Michaelis Pselli opuscula. — xvi* s. Pap., in-8°.

3087. Libanii declamationes, etc. — xv* s. Pap., in-4°.

3087 (3337). Xenophontis de arte equestri. — xvi* s. Pap., in-8°.

3892. Meletii de natura hominis. — xvi* s. Pap., in-4*.

4360. Tite-Live, traduction de Pierre Bersuire. — xiv* s. Parch., 4 vol. in-fol.

6666. Cassiodorii variarum epistolarum libri. — xii* s. Parch., in-fol.

6756. Collectanea ex SS. PP. — xvii* s. Pap., in-fol.

6757. Symeonis monachi de passionibus, etc. — 1608. Copie de Sirmond. Pap., in-4*.

6758. S. Anastasii Sinaitæ quæstiones; S. Joannis Chrysostomi homiliæ xiii in Matthæum; S. Basilii ascetica, etc. — xiv* s. Bombyc., in-4*.

6759. Anthologion (en mauvais état). — xvi*-xvii* s. Pap., in-8*.

6760. Photii CP. nomocanon, cum Theodori Balsamonis scholiis. — xvi* s. Pap., in-fol.

6761. Hermiæ commentarius in Platonis Phædrum. — xvi* s. Pap., in-fol.

6762. Geoponica jussu Constantini Porphyrogeniti collecta. — xvi* s. Pap., in-fol.

6763. Stephani Alexandrini de urinis, etc. — xiv* s. Pap., in-4°.

6764. Aristotelis ethica ad Nicomachum. — xv* s. Parch., in-8*.

6765. Symeonis Sethi de alimentorum facultate. — xiv* s. Parch., in-8*.

6766. Georgii Syncelli et Theophanis chronographia. — xviie s. Pap., in-fol.

6767. Nicetæ Choniatæ opera. — xvie s. Pap., in-fol.

6768. S. Augustini et Fulgentii opuscula. — xiie s. Parch., in-fol.

6769. « Cassiodori variarum libri i-v, ix-xii. Item liber de anima. » — xiie s. Parch., in-fol.

6773. « Annotationes in 3. Pomp. Melæ de statu orbis, D. Sirmondo dictante, anno Domini 1586. » — xvie s. Pap., in-4º.

6775. Mémoire sur « la possession légitime des pays héréditaires dans la maison d'Autriche. » Dédié à « Madame la princesse Charlotte de Lorraine, abbesse de Remiremont. » 1744. — Pap., petit in-4º.

6776. « Libro primo. Aforismi dell' arte bellica in astratto. » — xviie s. Pap., 303 pages, in-fol. Aux armes de Condé.

11605. Theophylacti expositio in Joannis evangelium. — xvie s. Pap., in-fol.

11606. Eusebii Cæsariensis contra Marcellum Ancyranum. — xvie s. Pap., in-fol.

11607. Theodoreti expositio in Ezechielem et Danielem. — xviie s. Pap., in-fol.

11608. S. Maximi de theologia, etc. — xviie s. Pap., in-fol.

11609. Nicolai Cabasilæ et S. Joannis Damasceni opuscula. — xvie s. Pap., in-fol.

11610. Anecdota theologica. — xviiie s. Pap., in-fol.

11812. Germani CP. in annunciationem B. Mariæ (gr.-lat.). — xviiie s. Pap., in-fol.

13332. Tite-Live, traduction de Pierre Bersuire. — xve s. Parch., 4 vol. in-fol.

14034. S. Cypriani epistolæ. — xviie s. Pap., in-fol.

14041. Olympiodori catena in Jobum. — xvie s. Pap., in-fol.

25133. Fragments de manuscrits. — xe s. Parch., in-fol.

Navarre (Collége de). — 2874. Anonymi « tractatus de virtutibus. » — A la fin : « Istum librum legavit collegio theologorum Navarre magister Petrus de Parrochia. » — xiiie s. Parch., petit in-8º.

Pithiviers. — 16581. « Cayer des noms des confrères et sœurs de la confrairie de Sainct-Gregoire, érigée et entretenue en l'église de Saint-Martin-le-Seul, » en 1714. (Copie de 1770.) — Parch., 8 fol., in-4º.

16579. « Cayer de la confrérie du bienheureux martir Sainct-Laurens, » établie dans la chapelle du grand cimetière de Pithiviers. (Copie de 1741.) — Parch., 9 fol., petit in-fol.

Poitiers. — 2850. Procès entre l'aumônier de Saint-Cyprien de

Poitiers et les religieux de Noaillé. (1452-1453.) — xv° s. Parch., 9 fol., in-fol.

10845. « Copie du registre nommé le grand Gauthier, faite par ordre de M. de Verdun, surintendant des finances de mons' le comte d'Artois. » — xviii° s. Pap., 2 forts vol. in-fol.

Ponthieu. — 2977. « Vie des hommes illustres de la comté de Ponthieu. » (Vies de Jean Bailleul, roi d'Écosse, de Gabriel Naudé, etc.) — xviii° s. Pap., 5 vol. petit in-4°.

Pontigny (Abbaye de), diocèse d'Auxerre.

10227. Vita S. Thomæ Cantuariensis. — xii° s. Parch., in-fol.

23029. Hegesippi de bello Judaico. — A la fin : « Liber Beate Marie Pontigniacy. » — xii° s. Parch., in-fol.

Préaux (Abbaye de), diocèse de Lisieux. — 85. Cartulaire de Saint-Pierre de Préaux. — xv° s. Parch., xiv et 202 fol., in-fol.

25090. Copie du Cartulaire de Saint-Pierre de Préaux. — xix° s. Pap., 171 pages, petit in-fol.

Prémontré (Abbaye de). — 1321. Fragment du Cartulaire de l'abbaye de Prémontré. (vi°-xvi° karta.) — xiii° s. Parch., 8 fol. 235 × 160ᵐᵐ.

19977, 23112-23115. Chartes de l'abbaye de Prémontré (xii°-xiii° s.), parmi lesquelles un acte de Philippe-Auguste réglant un différend entre l'abbaye de Prémontré et les bourgeois de Chauny; juin 1216.

Reims. — 2275. Cartularium ecclesiæ Remensis. (Cartulaire *F.*) — xiii° s. Parch., 74 fol. à 2 col., petit in-4°.

22309, 23113. Chartes de Reims (xiii° s.) dans ces recueils.

Abbaye de Saint-Denis de Reims.

4374. « Liber Anselmi de casu primi angeli » et « Cur Deus homo. » — En tête du fol. 1 : « De conventu Sancti Dionysii Rem. .v. » — xii° s. Parch., 18 fol., in-8°.

Retz (Loire-Inférieure). — 10358. « Plan de la forest de Retz..., par M. de Bauclas, lieutenant général de la connétablie et maréchaussée de France. » (1742.) — Pap., 154 pages, in-4°. (Aux armes d'Orléans.)

Rieux (Haute-Garonne). — 1332. Terrier de la seigneurie de Borrian, près Rieux, en Languedoc. (1460.) — Parch., 39 fol., in-fol.

Rodez. — 7124. « Histoire des comtes de Rhodez, » par Ant. Bonal. — xviie s. Pap., petit in-fol.

Romorantin. — Voy. Angoulême.

Rouen. — 2877. Recueil sur l'abbaye de Saint-Ouen de Rouen. Notes sur la réception des archevêques de Rouen à Saint-Ouen à leur arrivée et à leur mort. — « Presentacio consueta prioratus Beate Marie de Bello-Monte in Algia, Lexoviensis diocesis, » par l'abbé de Saint-Ouen de Rouen. — « Modus et forma abbatem eligendi, » et règlements divers pour l'intérieur de l'abbaye de Saint-Ouen. — xive-xve s. Parch., 40 fol. 173 × 125mm.

4391. Recueil sur le privilège de Saint-Romain de Rouen. « Missa de S. Romano. — Vita S. Romani. — Chartre de la confirmation du privilège de Mr S. Romain... 1512. — Formulaire de l'insinuation du privilège de Mr S. Romain. — Ordre à observer en la commission des prisons... pour dresser les procès-verbaux des prisonniers... » Etc. — xviie s. Parch., petit in-4°.

10866. « Observations tant générales que particulières sur le bastiment du Séminaire de Rouen, commencé le dixième jour de mars 1692, et l'estat où il se trouve au mois d'aoust M. DC. XCIX. » Avec descriptions et plans des séminaires de Lisieux, Évreux et Rennes. — xviie s. Pap., 253 pages (plus la table), petit in-4°.

17715. Vidimus de l'Official de Rouen de bulles de Jules II (1506-1510) au sujet des différends des frères Mineurs Conventuels et de l'Observance. Imprimé, avec la signature de Nic. Rigault, notaire apostolique, de Rouen. — Parch., 6 fol., gr. in-8u (goth.).

4393. Processional des Emmurées de Rouen. 1674. — Parch., in-8°.

8554. Statuts des chapeliers de Rouen. Copie collationnée de 1467, avec additions (1489-1602). — Parch., 67 fol., petit in-8°.

4320. Coutumes et usage de la Vicomté de l'eau de Rouen. — A la fin, « la Chartre aux Normans. » — xve s. Parch. 90 × 60mm.

3977. Livre d'heures, avec calendrier à l'usage de Rouen. Aux armes de la famille Duhamel (?). — xvie s. Parch., in-8°.

Royaumont (Abbaye de), diocèse de Beauvais.
1344. Lectionarium. — xiie-xiiie s. Parch., in-fol.

4555. « Expositiones difficiliorum vocabulorum de Bibliotheca. » — xive s. Parch., in-fol.

1734. Libri Sapientiales, cum glosa ordinaria. — Au fol. 179 v°, note en écriture postérieure : « Ce livre a esté acquis par frère Gille de Roye, abbé de Royaulmont, de Jehan Guymier, libraire de Paris, par eschange fait avec luy des un l. des *Rois* et de *Lucas* et *Johannes glosati*, lesquels estoient doubles en la librairie de Royaulmont, et n'en y avoit point de pareil à ce présent. Fait le mois de février l'an Mil cccc lviij. » — XIII° s. Parch., 179 fol., in-fol.

Rugny (Yonne). — 16577. Obituaire de l'église de Rugny. — XV°-XVIII° s. Parch., 12 fol., gr. in-4°.

Saint-Amand (Abbaye de). — 4531. « Forma scribendi collationes beneficiorum vacancium situatorum in diocesi Cameracensi, existentium de patronatu domini abbatis monasterii Sancti-Amandi-in-Pabula... » — XVII° s. Pap., petit in-4°.

8532. « Liste chronologique des abbés de Saint-Amand. » — XVII° s. Pap., gr. in-4°.

Saint-Cyr. — 15675. « Mémoire de ce qui s'observe dans la royalle maison de S' Louis... » à Saint-Cyr. — XVIII° s. Pap., 57 pages, in-12.

18406 (anc. 1031). « Histoire de la maison royale de Saint-Cyr, par madame d'Eperville, élève de madame de Maintenon. » — XVIII° s. Pap., petit in-4°.

Saint-Denis (Abbaye de). — 15364. « Extrait du « Livre Vert » de Saint-Denys, contenant les franchises... et rentes de ladite abbaye. » — XVIII° s. Pap., petit in-fol.

10249. « Cens, rentes, prés, terres et toutes autres revenues de la ville de Saint-Denys, de Guarge, d'Argenteuil, de Corneilles-en-Parisis, d'Erblay-sur-Seine, de Franconville, de Saint-Ouyn-en-France et de la Chappelle emprès Paris, appartenans à l'office de l'aumosne de l'église mons. Saint-Denys-en-France. » (1394-1397.) — Parch., 4 vol. de 72, 74, 72 et 74 fol. 325 × 258ᵐᵐ.

8954. « C'est le croys de cens du chascun an à monseigneur l'aumosnier de Saint-Denys en la ville de la Chappelle, pour le ternie de Noël, l'an mil CCC IIII° et seize. » — Parch., 6 fol. 310 × 262ᵐᵐ.

2978. Cérémonies pour la réception et la sépulture des religieux de Saint-Denys. — XVIII° s. Parch., 19 fol., in-12.

1328. « Comptes que rend Catherine Goguer, veufve de feu Guil-

Iaume Duval, appothicaire de messieurs de Sainct-Denys. » (1581-1584.) — Pap., in-4°.

22192. « Journal historique fait par le C⁰⁰ Druon, ci-devant bénédictin de Saint-Denys, lors de l'extraction des cercueils de plomb des rois, en 1793. » (Copie.) Suivi de notes sur le rétablissement des sépultures et de l'installation du chapitre (1817). — Pap., petit in-fol.

Saint-Mihiel (Abbaye de).

4493. S. Gregorii Magni Dialogi et Vitæ Patrum. — En haut du fol. 1 : « Benedictinorum S. Michaelis in Lotaringia. » — xiiᵉ s. Parch., petit in-fol.

Saint-Omer.

— 3240. « Chronicon monasterii S. Bertini in Sithiu, descriptum jussu reverendi D. Francisci de Mamez, cantoris et canonici cathedralis Iprensis, anno 1642, juxta prothotypum desumptum ex monumentis dicti monasterii, anno 1522, cui addita sunt sequentia annum 1522 usque ad annum hunc 1642. » — xviiᵉ s. Pap., 211 fol., petit in-fol.

16746. Élection de Dom Pierre Bourgeois, comme abbé de Saint-Bertin. (1403.) — Parch. Rouleau.

16747. « Concordia inter abbatem Sancti Bertini de Sancto-Audomaro et abbatem Sancti-Silvini de Alchiaco. » (1414.) — Parch. Rouleau.

16748. Procès, sans doute de l'abbaye de Saint-Bertin. — xvᵉ s. Parch. Rouleau.

Saint-Quentin.

— 2865. Obituarium ecclesiæ Sancti-Quintini. — xivᵉ s. Parch., 49 fol. 300 × 240ᵐᵐ (manque le dernier fol.).

8518. « Registre nouveau de tous les fiefz tenus de la court de monseigneur... l'abbé d'Ysle à Saint-Quentin, en Vermandois, avec la nouvelle description des limites d'iceulx..., au territoire du Franc, au comte de Flandres... » (1569.) — Parch., 87 fol., gr. in-4°.

18676, 23113 et 25098. Chartes relatives à Saint-Quentin (xiiᵉ-xiiiᵉ s.) dans ces recueils.

Saint-Sauveur-le-Vicomte (Abbaye de), diocèse de Coutances.

3501. Evangelia IV. — Au verso du dernier feuillet, on lit : « Iste liber est de abbacia Sancti Salvatoris Vicecomitis, Constantiensis diocesis. » — xiiᵉ s. Parch., petit in-4°.

Sainte-Menehould. — 4610. « Histoire de Sainte-Menehould. » — XVIe-XVIIIe s. Pap., 157 et 280 pages, in-4°.

Saulce (Commanderie de la), Yonne. — 2976. Cinq boîtes contenant 484 chartes du XIIIe au XIVe siècle, la plupart relatives à cette
maison.

Saumur. — 202. « Continet hoc præsens calendarium omnes
et singulas servitiorum fundationes quæ cunctis diebus... in ecclesia
parochiali et collegiata Beati Petri de Salmuro... pro animabus
defunctorum celebrari debent. » — XVIIIe s. Parch., 54 fol., in-fol.

70. Cartulaire de Saint-Florent de Saumur. « In hoc corpore continentur antiquorum præcepta regum Ludovici, Pipini, Karoli Calvi
de abbatia Sancti Florentii Glomnensis cœnobii, seu de alio cœnobio
quod constructum est in loco qui dicitur Salmurus a Teutbaldo
comite. » — XIe s. Parch., VIIxx 1 fol., in-fol.

10170. « Privilegia hujus monasterii » S. Florentii de Salmuro.
[Nos 1-9.] — XVe s. Pap., 44 fol., in-4°.

10171. Cérémonial de Saint-Florent de Saumur. — XVe s. Parch.,
71 fol., gr. in-fol.

Savigny (Abbaye de), diocèse d'Avranches. — 21488. Copie du
cartulaire de l'abbaye de Savigny. — XIXe s. Pap., 224 pages, in-fol.

Sedan. — 13573. Recueil de pièces sur Sedan, entre autres :
« Procès des Pères Jésuites du collège de Sedan. 1670. » — XVIIe-
XVIIIe s. Pap., 203 pages, in-8°.

Senlis. — 7410. Cartulaire de l'abbaye de Saint-Maurice de Senlis. — XIIIe et XIVe s. Parch., L fol. 290 × 210mm.

9116. « Enqueste faicte sur la transaction d'entre les religieux
abbé et convent de Saint-Vincent de Senlis d'une part et Marie Potier
d'autre, » au sujet de la terre de Blancmesnil. (1463-1502.) —
Parch., in-4°.

Soissons. — 10410. « Spicilegium de vitis sanctorum a D. Nico-
lao de Beaufort, canon. S. Joannis Suession., cum catalogo mss.
quæ servabantur in bibliothecis Suession., Rem., in monasteriis Lon-
gipont., Orbac., Reslac., Igniac., Gotwic., Branensis, Vallis Secreti
et Celestinorum Suess. Paris., an. 1590; de quibus monumentis
suum fecit Spicilegium, prælo commissum, cum privilegio Senatus

Bruxellensis, sed non absolutum. » — xvi⁰ s. Pap., 72 fol., petit in-fol.

21373. « C'est ce qui appartient et qui est deu à l'office du revestiaire de l'eglise Nostre [Dame] de Soissons, tant en argent comme en grains, par chascun an. » (xiv⁰ s.) — « Declaration des maisons..., terres, prés, bois, vignes... assis à Ambrief, Lyeval, Maisseny et autres lieux, que tient de present à rentes Gillet Ladmiral, demourant à Ambrief, des religieux Celestins de Villeneufve-lez-Soissons... » (1490.) — Parch., 2 rouleaux.

19077, 22309, 23112-23114, 25098, 25674. Chartes relatives à Soissons (xii⁰-xiii⁰ s.), dans ces recueils.

Célestins de Soissons.

4686. Histoire des Romains. — Sénèque, des quatre vertus cardinales, traduction de Jean Courtecuisse (1403). — A la fin, on lit : « Cest livre est à moy, et le m'a donné frere Guillaume Rommain, provincial des Celestins, le xxiiij⁰ jour de septembre mil cccc lxxij, en lieu et recompense de deux rachaps qu'il me pria quitter aux Celestins de Soixons, ce que fis à sa requeste et pour estre en leurs prieres. » — xv⁰ s. Parch., gros vol. in-fol.

3686. Vita S. Germani Paris. — 3687. Mariale. — 3688. Sulpicii Severi vita S. Martini. — 3689. Passiones SS. Dionysii, Rustici et Eleutherii. — 3690. Vita S. Silvestri. — « Ex biblioth. C. R. Jardel. Bran. Suess. » — xiii⁰ s. Parch., in-fol.

4572. Senecae epistolae et opuscula. — (Même ex-libris.) — xii⁰ s. Parch., in-fol.

9802. « Recueil d'épitaphes choisies. » Tome I. — (Même ex-libris.) — xvii⁰ s. Pap., 365 fol., petit in-fol.

16370. Vegetius, de re militari. — (Même ex-libris.) — xi⁰ s. Parch., in-4⁰.

Sommereux (Oise). — 2973. Cartulaire de la commanderie de Sommereux. « S'ensuivent les copies des chartres des donations et acquisitions faictes à la commanderie de Sommereux..., et aussy de celle de Milly-soubz-Clermont en Blauvoysin... » — xiii⁰ s. Parch., 77 fol., in-fol.

2976. Quelques chartes relatives à cette maison dans les cinq boîtes portées sous ce numéro. (xiii⁰-xv⁰ s.)

Strasbourg. — 221. Censier du grand hôpital de Strasbourg. (1522-1526.) — Parch., in-fol.

Talant (Saône-et-Loire). — 8789. « Arpentage ou description topographique des terres composans le domaine de Tailan. » (1725.) — Pap., 32 fol.

Tavant (Indre-et-Loire). — 16580. « Adveu et denombrement du prieuré conventuel de Nostre-Dame de Tavant. » (1505.) — Parch., 3 fol., petit in-fol.

Toul. — 5368. « Système de l'ordre et de la chronologie des évêques de Toul. » — xviie s. Pap., petit in-4°.

3528. « Constitucioncs synodales Tullenses, scripte et complete per manum domini Johannis Hermanni de Omemonte, prefate Tullensis diocesis. » — xve s. Pap., 30 fol., gr. in-8°.

19077. Charte de Hugues Ier, abbé de Saint-Epvre de Toul (1157), dans ce recueil.

11070. Raphaelis de Pornasio, ord. Praedic., opuscula. — En haut du fol. 1 : « Ex bibliotheca... D. Andreae Du Saussay, episcopi et comitis Tullensis, an. 167[5] defuncti. » — xive s. Parch., 205 pages, in-4°.

Toulouse. — 18888. « Historia chronologica parlamentorum patriæ Occitanæ et diversorum conventuum trium ordinum..., scripta per me Guilhelmum Bardinum, consiliarium clericum in parlamento Tholosæ... » (Jusqu'en 1434.) — xviie–xviiie s. Pap., gr. in-4°.

Tournon.

914. Ciceronis de Inventione et rhetorica ad Herennium. — Au fol. 1, l'ex-libris : « Collegii Turnonensis Societatis Jesu. » — xiie s. Parch., in-4°.

Tours. — 7234. Calendrier d'un Missel à l'usage de Tours. — xve s. Parch., 6 fol., in-fol.

16583. « Ce sont les rentes perpétuelles dehues au chapellain de la chapelle Saint-Michel, fondée en l'iglise de Tours... » (1557.) — Parch., 8 fol., in-8°.

1889. Deux chartes (non vues) de Saint-Martin de Tours. — xie s. Parch.

16582. « Mouvances... de la terre de Chahaignes, » en la paroisse de Samblançay, appartenant à l'abbaye de Marmoutiers. — xve s. Parch., 3 fol., in-4°.

17770. Compte des dépenses faites par les « esleuz sur le fait des fortifficacions de Tours. » (1419-1420.) — Parch., in-fol.

15845. Mandements dés « esleuz sur le fait de la fortiffication,

empavement et deffense de la ville de Tours et païs d'environ. »
(1420-1423.) — Parch., 102 pièces.

26275. Mandements semblables. (1420-1423.) — Parch., 40 pièces
environ.

25751. Mandements des maires de Tours. (1466-1483.) — Parch.,
40 pièces environ.

25698. Mandements semblables. (1480-1482.) — Parch., 40 pièces
environ.

24467. Rouleaux de comptes de la ville de Tours. (1480-1481.) —
Parch., 40 feuillets environ, in-fol.

24454. « État de la recepte appartenant à la fortiffication... de la
ville de Tours... » (1483-1484.) — Parch., in-fol.

18984-18986. Pièces diverses provenant des archives municipales
de Tours. (xvi⁰ s.) — Parch., 150 pièces environ. (2 volumes et un
troisième vol·um · non vu, nᵒ 18986.)

9720. Statuts des « appoticaires et espiciers » du baillage de Tou-
raine. (1565.) — Parch., in-fol.

8337. George d'Esclavonie, le château de Virginité, composé pour
« Yzabeau de Villeblanche, religieuse du couvent de dames de Beau-
mont emprès Tours. » (1411.) — xv⁰ s. Parch., in-8°.

6946. « Vidimus des privileges conceddés par les papes aux freres
hermittes de Sainct-Augustin. » — Vidimus de l'official de Tours à
la demande de « fratris Francisci de Paula..., ordinis Minimorum,
conventus Jesu-Mariæ de Plesseyaco juxta Turon. » (1497.) — xv⁰ s.
Parch., 13 fol., in-fol.

8847. Bulle d'approbation de la seconde règle de saint François de
Paule, par le pape Alexandre VI. (1ᵉʳ mai 1501.) — Parch., 17 fol.,
in-fol.

6945 (et 6654). Privilèges des Minimes du Plessis-lez-Tours.
(1507.) — xvi⁰ s. Parch., xxxvii fol., in-4°.

Cathédrale de Saint-Gatien de Tours.

7408. « Exceptiones decretorum pontificum. » — xi⁰ s. Parch.,
245 fol., in-4°. (Delisle, *Manuscrits disparus de Tours*, nᵒ LIV.)

Église de Saint-Martin de Tours.

26067. « Rabanus in Ezechielem. » — En haut du fol. 1 : « Iste
liber est de armario Beati Martini Turonensis. » — xii⁰ s. Parch., in-fol.
(Cf. *op. cit.*, p. 62, nᵒ XLIII.)

Troyes. — 13855. Constitutions du chapitre de l'église cathédrale de Troyes. (1374.) — Grande charte sur parchemin.

11882. « Census situs apud Eschenilli, solvendus in festo sancti Remigii..., receptus per Jacobum de Baalon, canonicum Trecensem, in anno [M CC] nonagesimo quarto. » — Parch., 12 fol. 310 × 225^{mm}.

8569. « Compotus camerarum de Essartis et de Pontibus super Sequanam. » (1384-1385.) 10 fol. 292 × 233^{mm}. — « Compotus fabrice Trecensis ecclesie... » (1333-1334.) 21 fol. 307 × 247^{mm}. — Même compte. (1339-1340.) 8 fol. — Même compte. (1372-1373.) 32 fol. — « C'est le compte du cellier de l'église de Troyes. » (1432-1433.) 18 fol. 330 × 250. — « Compotus celerii ecclesie Trecensis. » (1368-1369.) 16 fol. 315 × 257^{mm}. — Même compte. (1355-1356.) 20 fol. 298 × 220^{mm}. — « Compotus censuum ecclesie Trecensis. » (1374-1375.) 6 fol. 310 × 218^{mm}. — Même compte. (1371-1372.) 4 fol. 299 × 211^{mm}. — « C'est le compte des chambres de Giffaumont, Radonvilliers et Lacicourt, » rendu par le doyen de Saint-Étienne. (1402-1404.) 7 fol. 305 × 210^{mm}. — « Compotus censuum ecclesie Trecensis. » (1367-1368.) 16 fol. 315 × 250^{mm}. — « Compotus Domus Dei Sancti-Nicholai Trecensis. » (1307-1308.) — Parch. 312 × 220^{mm}.

8872. « Compotus magne camere ecclesie Sancti-Stephani Trecensis. » (1393-1394.) — Parch., 16 fol. 320 × 254^{mm}.

10206. « Census Trecensis ecclesie, recepti apud Eschenilly, in festo sancti Remigii. » (1316 et 1346.) — Parch., 74 fol. 335 × 260^{mm}.

10207. « Census minuti ecclesie Trecensis. » (1346 et 1352.) — Parch., 239 fol. 330 × 262^{mm}.

10407. « Compotus camere ecclesie Trecensis. » (1363-1364.) 31 fol. — (1327-1328.) 16 fol. — « Compte de la grant Chambre de l'église de Troyes. » (1413-1414.) — Parch., 42 fol. 420 × 305^{mm}.

10408. « Compotus celerii ecclesie Trecensis. » (1373-1374.) — Parch., 14 fol. 467 × 305^{mm}.

8920. « Taillia prepositure de Prignyaco in Vallibus facta et imposita anno 1343. » 313 × 227^{mm}. — « Taille des hommes et femmes de la mairie de Noes, apparten. à mess^{rs} doyen et chapitre de l'église de Troyes..., imposée le 16 déc. 1499. » — Parch., 345 × 265^{mm}.

9962. « Compte du celier de l'église de Troyes. » (1441-1442.) — Parch., fol. v-xvi. 333 × 247^{mm}.

9726. « Compte des deniers de la fabrique de l'église de Saint-Estienne de Troyes. » (1432-1433.) — Parch., 432 × 305^{mm}.

18475. Pièces diverses provenant de l'abbaye de Notre-Dame-aux-Nonnains de Troyes. (1515-1649.) Parmi ces pièces se trouve une lettre de Henri IV à M. de Fontenay. (20 mars 1596.) — Pap., 33 pièces, petit in-fol.

17808, 17809, 19977, 23112, 23114. Chartes diverses relatives à Troyes (xiie-xiiie s.), parmi lesquelles trois actes de Thibaut de Champagne (1259-1269).

11755. « Histoire des troubles arrivés dans l'église de Troyes... au sujet de la R. P. R. (1539-1594), par Nicolas Pithou, sieur de Chamgobert, 1642. » — xviie s. Pap., 309 pages (plus la table), in-fol.

Turenne (Corrèze). — 813. « Privileges du vicomté de Turenne. » (1523.) Copie collationnée (1524); peint., aux armes de Turenne. — Parch., in-4°.

Valenciennes. — 11737. Mémoires de « Jehan Biernier, » prévôt de Valenciennes (1330 et suiv.). — xve s. Pap., 49 pages, in-4°.

3521. Statuts, règlements et arrêts concernant les ciriers et les apothicaires de Valenciennes. (1597-xviiie s.) — Parch., 88 fol., petit in-fol.

Vaulx (Pas-de-Calais). — 7098. « Registre aux causes de la terre, seigneurie et baronnie de Vaulx. 1765. » — Pap., 236 fol., petit in-fol.

Vence (Alpes-Maritimes). — 16584. « Cartularium cavalcate et albergue quas mag^{tus} vir Franciscus de Villanova, condominus civitatis Vencie, habet seu percipit anno quolibet in dicta civitate... » (1441.) — Parch., 4 fol., in-8°.

Vendôme. — 2970. Cartulaire de l'abbaye de la Trinité de Vendôme. (Chartes, n°s 1-162.) — xie s. Parch., 40 fol. à 2 col. (Manquent les fol. v-xx.)

2971. Autre Cartulaire de la Trinité de Vendôme. (Chartes, n°s 808-900.) — xiie et xiiie s. Parch., 29 fol. (Anc. fol. ii^c li-ii^c lxxx.) 237 et 238 × 175 et 160^{mm}.

17712. Fragment d'un Cartulaire de la Trinité de Vendôme. (Chartes, n°° 904-905 et 910-911.) — xiie s. Parch., 2 fol. (Anc. fol. ue iiiixx ii et ue iiiixx v.) 217 × 105mm.

4263 (et 3509). Copies de diverses chartes du Cartulaire de la Trinité de Vendôme. — xviiie s. Pap., 55 fol., in-fol.

4264. Copies des bulles de papes du Cartulaire de la Trinité de Vendôme. — xviiie s. Pap., 132 fol., in-fol.

25058. « Histoire de la maison de Vendôme, recueillie de plusieurs chroniques, tiltres... » (Notes adressées à Mabillon.) — xviie s. Pap., 268 fol. (incomplet), petit in-fol.

Verdun. — 17808. Charte de Humbert, évêque de Verdun (1032), dans ce recueil.

Vernon (Eure). — 17594. « Livre de compte des rentes et revenues appartenans aux chanoines et chappitre de l'eglise collegiale Nostre-Dame de Vernon, pour un an commençant le jour saint Barnabé 1432. » (Jusqu'en 1438.) — Parch., gros vol. de 360 × 310mm.

4395. « C'est la première partie de la terre mons' Guillaume de Vernon, chevalier en Costantin... » (3 parties.) — Fol. 40. « Geneologie de la Haye-Hue. » — xve s. Parch., 109 fol., petit in-4°.

Vienne. — 2992. Privilèges des commanderies et hôpitaux de l'ordre de Saint-Antoine de Viennois. — xvie-xviie s. Parch., 60 fol., petit in-fol.

Vienney (Doubs). — 25012. « Inventaire général de tous les tiltres... concernant la propriété de la terre et seigneurie de la Moutonnière, paroisse de Vienny, et de la Boische, paroisse d'Yevre. » — xviiie s. Pap., 50 fol., gr. in-fol.

Vire. — 9054. « Roolle que baille Pierre Maupas, consierge et garde des prisons du Roy, à Vire. » (1670-1680.) — Parch., 4 fol. 242 × 280mm.

INDEX ALPHABÉTIQUE

Évêchés, 17, 28, 29.
Évreux (Jeanne d'), 10.

Palaise, 33.
Faremoutiers, 41.
Fécamp, 42.
Fénelon (de), 16.
Feuillet, 16.
Firffes, 42.
Fillastre (Guillaume), 8.
Finances, 17, 21, 23, 24. — (Papiers
 du ministère des), 23. — Voy.
 Clergé et Comptes.
Flandre, 13, 16, 42.
Flavigny, 42.
Folgny, 42.
Foix (Jean de), 38.
Fontainebleau, 42.
Fontevraud, 42.
Forges, 42.
Formé, 18.
François Ier, 10, 12.
François de Paule (S.), 63.
Franconville, 58.
Froissart, 8.

Garges, 58.
Gastines, 42.
Gaston d'Orléans, 14.
Gaudenzi (Paganino), 15.
Gênes (Chronique de), 8.
Genève, 19, 43.
Georges d'Esclavonie, 63.
Gesvres (duchesse de), 18.
Gex (Pays de), 43.
Gien (Ligue de), 14.
Gif, 43.
Glaces (Manufactures de), 18.
Goussainville, 16.
Goussancourt (Mathieu de), 22.
Graffigny (Mme de), 17.
Grenoble, 40.
Gui (Bernard), 7.
Guichenon, 23.
Guillaume de Nangis, 8.
Guiot (abbé), 40, 49.
Guise (duc de), 11.

Haïti, 28.
Haynin (Jean de), 8.
Hébert, 32.
Hénault (président), 18.
Henri II, 10, 11, 12.
Henri III, 10, 11, 12.
Henri IV, 10, 11, 12, 65.
Herblay, 58.
Hollande, 13, 18, 28.
Hongrie, 22.
Hôtel (Comptes de), 9. — Requêtes
 de l'hôtel, 21.
Hume (David), 18.
Humières (Ch. d'), 33.

Indes françaises, 18.
Irlande, 25.
Italie, 13, 27.

Jardel (O.-R.), 61.
Jean, comte d'Angoulême, 9, 31.
Jean le Bon, 9.
Jeanne d'Arc, 9.
Jeanne de Bourgogne, 10.
Jeanne d'Evreux, 10.
Jeanne de Valois, 26.
Jésuites, 16, 17. Voy. Agen, Caen,
 Limoges, Nancy, Paris, Sedan,
 Tournon.
Joseph (le P.), capucin, 15.
Joyeuse (duc de), 11. — (Cardinal de),
 21.

La Boissche, 66.
La Brosse, 34.
La Chapelle, 58.
La Ferté-Senecterre, 15.
La Flèche, 43.
La Font d'Eaubonne (de), 22.
La Guiche, 43.
La Lane (de), 15.
Lamballe (princesse de), 10.
La Meilleraye, 43.
Lamoignon, 17.
Langres, 9, 43.
Langues (Jeunes de), 22.
Laon, 43.
La Rochette (de), 18.
La Rue (Abbé de), 38.
La Saulce, 60.
Lasteyrie (comte de), 12.
Laubespine (de), 11.
La Vallière (duc de), 19.
Le Camus, 14.
Ledieu (Abbé), 15.
Le Mans, 44.
Léon XI, 21.
Le Tellier, 15, 45.
Levant, 15, 16.
Lévis (Philippe de), 47.
Libra (Jean de), 38.
Liceto (Fortunio), 15.
Liessies, 44.
Ligue, 11, 12, 15.
Lille, 44.
Limoges, 15, 45.
Loi Salique, 8.
Londres, 26.
Longpont, 45.
Lorraine, 45.
Lorraine (cardinal de), 11. — (Duc
 de), 23.
Lottin l'aîné, 10.
Louis XI, 10.
Louis XIII, 10-15.
Louis XIV, 10-17, 23.
Louis XV, 10, 16-18.